Sé Líder

Lecciones esenciales para un líder joven

Vanessa Gracia Cruz

Traducción al Español: María y Verónica Jacobo

WESTBOW
P R E S S®
A DIVISION OF THOMAS NELSON
& ZONDERVAN

Puede hacer pedidos de libros de WestBow Press en librerías o poniéndose en contacto con:

WestBow Press
A Division of Thomas Nelson & Zondervan
1663 Liberty Drive
Bloomington, IN 47403
www.westbowpress.com
1 (866) 928-1240

ISBN: 978-1-5127-8488-6 (tapa blanda)
ISBN: 978-1-5127-8489-3 (libro electrónico)

Número de Control de la Biblioteca del Congreso: 2017906824

Información sobre impresión disponible en la última página.

Fecha de revisión de WestBow Press: 05/12/2017

Dedicación

Para la familia Gracia quien me formó y me motivo
a ser quien yo quiero ser. Para mis padres quienes
me mostraron con su ejemplo lo que es el liderazgo
y me dieron un legado. A Ru, Jessie y JJ mi primer
equipo. Gracias por haberme permitido mandarles-
¡con ustedes desarrollé mis dones de líder!

Prólogo

Sé Líder es una colección práctica de ideas que no solo motivará líderes jóvenes, pero les servirá como un kit de inicio para liderar. No solo contiene principios básicos y muy importantes, sino también los pasos a seguir, para cualquier liderazgo exitoso. Aunque procede de una perspectiva cristiana, no se confina a esos limites. Este libro trasciende a aquellos que quieren liderar en cualquier tipo de mercado. Personalmente, recomiendo este libro porque veo en este el valor increíble que tienen estas lecciones prácticas para nuestra generación.

Hay dos cosas que hacen a un líder exitoso. La primera, es la habilidad dada por nuestro Dios y la segunda, es la guía de otros líderes con mas experiencia. Vanessa Gracia Cruz posee ambas. Lo cual, si no la hace una experta en la materia de liderazgo, es una voz de sabiduría definitiva que está emergiendo de la generación de líderes de nuestro tiempo. Creo que su punto de vista es único porque no solo creció en una familia de líderes, pero también ha tenido acceso a vastos recursos de sabiduría que la rodearon desde pequeña, haciendo posible que llame a algunos de los más poderosos y relevantes líderes en Latinoamérica sus "tíos y tías". Mi hija, Vanessa, es un compás para la multitud de jóvenes de este mundo. Esta guía les ayudara a levantarse y alcanzar su destino.

—Pastor Ruddy Gracia

Tabla de Contenido

Introducción

Algunas veces me gusta contar la historia de cómo envejecí veinte años en un día. Tenía veintitrés años, trabajaba como asistente a tiempo parcial de mi padre, cursaba mi Maestría en Gerencia y pensaba que tenía todo el tiempo en el mundo antes de dar mi siguiente paso en la vida. Pero en lo que pareció un abrir y cerrar de ojos, me convertí en la Jefa Oficial de Operaciones de una de las iglesias más grandes y con mayor crecimiento en los Estados Unidos. Ahora, estaba a cargo de dirigir un equipo de empleados de más de cuarenta miembros, un ministerio de miles y cientos de grupos de casa. Tenía solo la mitad de mi carrera de Negocios completada sin embargo me convertí en la cabeza de Recursos Humanos, Directora Financiera y Directora de Eventos. Sí, todo esto sucedió en un día, el cual fue el mismo día en que mi madre falleció.

Voy remontar al pasado un momento para que puedan comprender por completo la historia… mi madre y padre fundaron nuestra iglesia cuando yo tenía dos años. Durante toda mi niñez, los vi construir este ministerio. Fui testigo de cómo un grupo pequeño, que cabía en nuestro primer apartamento de un cuarto, se convirtió en una organización que literalmente estaba impactando el mundo. Y sé que esta experiencia sentó las bases para mi liderazgo. Crecí queriendo hacer un impacto en la vida de la gente. Fui inspirada por como mis padres construyeron equipos con gente común. Creían en ellos, les enseñaban y les motivaban hasta que llegaron a construir equipos de líderes por sí mismos.

Recuerdo que estaba más impresionada con mi madre. Mi padre fue y todavía es el visionario, pero mi madre era el latido del corazón de las operaciones; ella mantenía todo en movimiento. Mi madre estaba a cargo de las finanzas, los empleados y todas las operaciones. Había pocas decisiones que no pasaban primero por ella. Ella era el cronometro, la planificadora y estratega. Ella fue el primer y mejor ejemplo de una mujer en líderazgo. Siempre me impresionó como ella se movía con gracia de una función a otra y como la gente la escuchaba cuando hablaba. Aun con todas las cosas que tenía que hacer, su prioridad siempre se enfocó en enseñarme como hacer lo que ella hacía. Ella disminuía el paso, y explicaba sus tareas, y me enseñaba lo que había aprendido al cometer errores a mi edad. Todavía algunas veces puedo escuchar su voz en mi mente cuando tengo que tomar grandes decisiones, y no puedo evitar pensar, si de alguna manera, ella estaba consciente de que me estaba entrenando para que un día asumiera su papel.

En el verano del 2013, mi madre se enfermó. Fue una enfermedad repentina y después de tres meses, ella falleció. Ese es el día, al cual me refiero, que envejecí veinte años. Mi papel cambio de una estudiante normal de veintitrés años, a uno que le costó veinte tantos años a mi madre construir. Un vacío se quedó en la organización que amo, y decidí (a regañadientes) asumir la responsabilidad y hacer lo mejor para llenar ese enorme vacío. Al mirar al pasado, no estoy segura si estuve temporalmente loca, o si no me había dado cuenta del gran peso de las responsabilidades de mi madre. Pero el amor por la casa de Dios y mis padres, me motivaron a hacerlo. No podía soportar la idea de que potencialmente la iglesia se destruyera y sabía que mi padre no podía liderarla solo. ¡También ayudó que nadie se estaba ofreciendo para el trabajo! No tener opción es un motivador increíble en tiempo de crisis. Asumí el papel y así comenzó la estación más difícil de mi vida.

No solo estaba con el corazón roto, no tenía idea de lo que estaba haciendo. Perdí a mi madre, mi mentor y mi maestra. Todavía estaba completando mi maestría, pero me estaba dando cuenta de que lo que estaba aprendiendo en clase no siempre era practico para ayudarme a resolver los retos que estaba enfrentando. Créalo o no, no existe una clase llamada "como heredar un sistema completo de operaciones sin no dañarlo por completo, mientras todos te están observando". Por lo que pareció toda una vida, trabaje largos días y noches. Luche con la toma de decisiones, empleados descontentos y sentí el duro peso del liderazgo sobre mis hombros. Casi todos los días contemplé darme por vencida. Me parecía demasiado difícil.

Gracias a Dios, no paso mucho tiempo antes de que un puñado de líderes maravillosos se diera cuenta de mi lucha y comenzaron a aconsejarme. Ellos me indicaron materiales excelentes de liderazgo, y me iniciaron en lo que se ha convertido ahora en una jornada de aprendizaje, para toda la vida, sobre el liderazgo. Ellos encendieron una pasión en mí para aprender como liderar la gente en mi organización y como vencer los obstáculos que me causaban dificultades en mi primera estación de liderazgo. Comencé a leer libro tras libro sobre desarrollo personal, manejo de tiempo y éxito en liderazgo. Descubrí que el liderazgo se parece mucho a montar bicicleta- puedes comenzar sin nada de equilibrio, inseguro, sin balance, pero con el tiempo, puedes aprender a hacerlo con gracia y eventualmente disfrutar el viaje.

No sucedió de un momento a otro, pero con el tiempo, aprendí a liderar la organización. Hoy, disfruto mi papel, mi horario ocupado y todos los altos y bajos que esto conlleva. Me he ganado el respeto de los individuos que al principio se negaban a escucharme, porque me veían como una "niña". Estoy muy agradecida con aquellos hombres y mujeres que invirtieron tiempo para escribir libros que me infundieron sabiduría y apoyo en este recorrido. Aun así, me hubiese gustado escuchar la perspectiva de alguien de mi edad. Me di cuenta que todos los autores y exponentes de los cuales aprendí eran de cuarenta para arriba o mayores. Aunque aprecié sus experiencias yo quería escuchar a alguien que estaba en la misma estación que yo en su vida. Comencé a buscar libros que fuesen específicamente escritos sobre el liderazgo por alguien en los veinte, pero no puede encontrar ninguno. Entonces escribí uno.

Este libro es para cualquiera que se encuentre en una posición de liderazgo y que no está seguro por donde comenzar. Quizás te encuentres en esta nueva posición en tu ministerio, o en tu trabajo. Quizás has comenzado una nueva aventura como empresario. Puede que te sientas perdido, desorientado y te estés preguntando si no eres muy joven para estar en el liderazgo. Si este es el caso espero que mi historia te enseñe dos cosas. La primera, es que nunca vas a saber cuándo serás llamado a liderar a una mayor escala de lo que lo has hecho anteriormente, entonces más vale que aprendas ahora. Segundo, no importa como comiences, o las circunstancias que rodearon el comienzo de tu liderazgo, puedes aprender a hacerlo bien. Este libro es una compilación de las lecciones más simples y prácticas que he aprendido a través de mi liderazgo y como aplicarlas sin importar el nivel de liderazgo en que te encuentres. Espero que encienda en ti la pasión de convertirte en un aprendiz del arte por toda la vida, y te inspire a liderar bien, a ser un supervisor, gerente o mentor excelente. Y más que nada, espero que te motive si has comenzado mal.

COMPRENDIENDO TU
ROL COMO LÍDER

L a primera etapa al convertirse en un líder es desarrollar tu propia persona. Es encontrar el balance entre honrar a aquellos que te lideraron y aprender a pensar por ti mismo. Como niños, se nos enseñó a respetar y obedecer a nuestros mayores y a hacer lo que se nos dijera. Esto continúa a ser un buen consejo a cualquier edad. Pero, un cambio de responsabilidad comienza a tomar lugar cuando maduramos y nos convertimos en adultos. Este cambio es un mayor desafío para aquellos que asumimos un papel de líder como jóvenes adultos. Nuestro papel cambia de uno que sigue órdenes sin preocupaciones (a sabiendas de que alguien más será responsabilizado del resultado), a estar en una posición de responsabilidad que requiere rendir cuentas. Comprender este papel puede ser uno de los retos más grandes para los líderes jóvenes. Es mucho más cómodo mantener el *estatus quo* y permitir que los "adultos" hagan la labor de pensar. ¡Eso es hasta que nos demos cuenta de que nos hemos convertido en adultos! Y que nosotros, como líderes, tenemos ahora la responsabilidad de dirigir nuestras organizaciones y equipos.

Cuando ocupé por primera vez una posición de liderazgo,

recuerdo haberme sentido abrumada e intimidada por el sentido de obligación. Ya no me sentía cómoda haciendo tranquilamente lo que se me decía que tenía que hacer. Pero aun no tenía la seguridad de implementar cambios en mi función de líder. Había heredado un equipo de personas mayores que yo y me avergonzaba al pensar presentar un punto de vista opuesto, corregirlos o proponer una idea que pensaba no les iba a gustar. Muchos de ellos tenían más experiencia que yo y algunos tenían más influencia con el resto del equipo. Más tarde, abordaré como logré ganarme su respeto e influenciarles. El punto que estoy haciendo es que al principio, hubo muchas ocasiones en donde mis ideas fueron destruidas inmediatamente. Yo proponía una idea que aprendí en la escuela de negocios o presentaba el uso de un nuevo software que había investigado y toda la gente en la habitación no chistaba en decirme que estaba equivocada. Que no funcionaría y deberíamos hacer lo mismo que había sido establecido anteriormente. Al principio, parecía más fácil dejarles tener la última palabra. En mi razonamiento ellos eran los "adultos" y los "profesionales" y que las cosas marcharían mejor si yo actuaba como pacificadora y les dejaba la responsabilidad. Por alguna razón, ya estaba en mis veinte, no me sentía que era tan adulta como ellos. Eso fue hasta que comencé a darme cuenta de que la organización no estaba funcionando tan bien como debería hacerlo. Por ejemplo, observé que la resistencia de mi equipo al uso del nuevo software, creó atascos que retrasaban nuestros procesos y causaba mucha pérdida de tiempo. Comencé a darme cuenta de que algunas de mis ideas serian actualmente beneficiosas. Y también me di cuenta que cuando fracasábamos como equipo, esto era un reflejo de mi habilidad como líder. Yo era la única que iba a rendir cuentas porque era quien estaba al mando. No tardé mucho en saber que debía hablar sin reservas, y ser valiente, y segura de mi misma para actuar como líder o nunca llegaría a ser una muy exitosa.

Sería más fácil como líderes jóvenes ceder ante las opiniones y voces fuertes a causa de nuestra edad. Frecuentemente sentimos miedo a hacer cambios porque carecemos de seguridad en nosotros mismos. Algunas veces cuestionamos por qué, dentro de tanta gente que pudo ser elegida para la posición que ocupamos, fuimos nosotros que terminamos con el puesto. Y desafortunadamente, algunas veces permitimos que esa pregunta nos distraiga de nuestras obligaciones como líderes. Ves, el trabajo de un líder no es determinar lo que le hace ser digno de su liderazgo. Tampoco es sentarse pasivamente y permitir que los demás le obliguen a tomar decisiones en contra de su buen juicio. Los líderes deben dirigir sus equipos dentro de lo mejor de sus habilidades y eso requerirá afirmarse a sí mismos y en algún momento crear cambios.

Cuando tome mi primera posición en el liderazgo, pensé que haría las cosas como mis padres lo habían hecho. Ellos fueron mi ejemplo y sabían lo que estaban haciendo. Con todos sus años de experiencia, sin duda alguna, construyeron una organización sólida. Pero, en mi tiempo como líder tuve que discernir por mí misma cual parte de su legado estaba llamada a continuar y cual podría estar llamada a cambiar. Les aseguro, nada de lo que estoy escribiendo desacredita o desvaloriza su excelente labor. Nunca cuestioné los valores fundamentales o convicciones que ellos me inculcaron, pero si cuestioné prácticas, ideas y procesos que se habían quedado obsoletos.

Claro que hubo tiempos en que fue duro para el equipo aceptar estos cambios. He aprendido que algunas personas prefieren lo familiar aun a sabiendas de que no es la mejor opción, simplemente porque el cambio puede ser incomodo o causa miedo. Pero la innovación estimula el crecimiento. Aun si quería sobrellevar el legado de mis padres, me di cuenta que si no estaba causando que la organización creciera, no le estaba haciendo justicia a su legado. Descubrí que no ganaba nada en llevar a otros a hacer algo que no podía respaldar completamente. Puesto de manera simple, ultimadamente deberías creer en tus decisiones y comprender tu razonamiento al tomarlas. Algunas veces, la mejor decisión puede ser poco popular pero cuando estas convencido de que tu decisión es la correcta y que está más allá del orgullo, de los sentimientos personales, que es lo mejor para todos, debes mantenerte firme en tu posición.

Al escribir esto, de ninguna forma deseo insinuar que nos rebelemos en contra de dirección y reglas establecidas y sistemas de nuestros líderes actuales. En lugares donde alguien más esté a cargo, mi consejo es que les permitan liderar y respeten su posición. Aquí, estoy hablando de las cosas que estas en posición de controlar. Como líder puedes recibir muchas críticas por las decisiones que tomes. Después de haber sopesado las opiniones de los demás, haz lo que creas que es verdaderamente lo mejor.

Recuerda que en muchos casos, es el líder quien tiene la visión completa en la mente. Los miembros del equipo tendrán mucho que ofrecer, especialmente aquellos con muchos años de experiencia. Pero ellos pueden frecuentemente estar mirando solo en su área considerando como esas decisiones les van a afectar. Para convertirte en un líder con integridad, necesitaras aprender cómo seguir adelante, mantenerte firme con una decisión, sabiendo que hiciste lo posible y seguiste lo que creías, con todo tu corazón, era lo mejor, en conjunto, para la organización.

Al final, el primer paso en convertirse en líder es comprender que si eres lo suficientemente capaz de lograrlo en el liderazgo, entonces eres capaz de crecer en liderazgo.

Reconoce que decir lo que piensas es algo más que un deber, es tu obligación como líder. En veinte años, vas a mirar las decisiones que tomaste para tu organización con orgullo o podrás darte cuenta de los errores que cometiste. De una forma u otra querrás ser responsable de tus decisiones. Vas a querer ser alguien que resistió simplemente seguir el camino de otros. En cambio, habrás sido alguien que abrió camino-un líder.

GANANDO LA INFLUENCIA

El primer y más grande reto que enfrente como líder joven fue ganarme el liderazgo. Es importante aprender temprano que la gente no te va a seguir porque alguien que estaba antes que tú te puso en una posición de liderazgo. La gente no te va a seguir porque tengas títulos despampanantes ni un currículo de alto perfil. Si tratas de forzarles a que lo hagan, te van a resistir. Nadie es fanático de una mocosa de veinte tantos que está tratando de agarrar al toro por los cuernos cambiando todo a su alrededor. El liderazgo es influencia. Es la habilidad de dirigir personas hacia una dirección específica, para que te ayuden a alcanzar tus metas.

Independientemente de donde te encuentres en la jerarquía o cuanto poder creas que tienes, vas a necesitar influenciar la gente para lograr hacer cualquier cosa. Esa influencia tiene que ser ganada. Toma tiempo y trabajo duro lograr hacer que tu voz sea una que la gente quiera escuchar. Tratando de cortar esquinas, he visto muchos jóvenes líderes tratar de forzar su voluntad en la gente que están liderando. Si tomas esta ruta, podrás lograr hoy que hagan lo que tú quieras, pero nunca lograras que se unan a ti y te apoyen. Y nunca serás visto como su líder. Serás considerado como el hijo de, el asistente de, el reemplazante de pero nunca como el verdadero líder.

Cuando me convertí en una Ejecutiva, muy pronto aprendí que la posición hace muy poco para tu liderazgo. En poco tiempo, pase de ser la asistente de mi padre (un trabajo a tiempo parcial mientras cursaba mi Maestría) a dirigir el grupo principal de líderes- los cuales estaban en su cuarentas y cincuentas. Tenía todo cuanto necesitaba; un MBA, años de experiencia en la Iglesia, y un padre- su pastor- quien me había dado el puesto y que fuertemente sugirió que todos me respetaran. Pero aun así, no podía lograr que me escucharan, todas mis ideas fueron rechazadas.

Casi todas las veces que empezaba a hablar era interrumpida. Tenía la posición, pero no había logrado tener influencia. En su defensa: vamos a mirarlo desde su perspectiva: ellos habían trabajado años para llegar donde estaban y esta jovencita acabada de llegar les estaba diciendo lo que debían hacer. ¿Quién era yo para decir que si me importaban o que sabía de lo que estaba hablando? Tuve que aprender a ganarme el apoyo que eventualmente me dieron. Hoy, ese equipo de líderes, es mi más valioso recurso. Cuando tengo una nueva idea que implementar, no dudo en presentársela a ellos y sé que me defenderán y me seguirán aun si no estén completamente de acuerdo pues han aprendido a confiar en mí. Esto no sucedió en un día y no fue logrado sin un esfuerzo intencional. He aquí algunas herramientas para ganarte tu lugar dentro de una organización o equipo.

SI: Adquiere algunas victorias

Si quieres que tu equipo escuche tus ideas, actualmente tendrás que mostrarles ideas que si funcionen. Tienes que mostrarles que puedes obtener algunas victorias. Preferiblemente algunas que les beneficien y no a ti. Haz algo que les facilite la vida, ¡sírveles! Haz un plan y ejecútalo. El problema mayor de muchos jóvenes líderes es que parecen ser inestables o poco creíbles. Como si no tuvieran experiencia o como si nunca hubiesen trabajado. Entonces, antes de ponerte todo creativo, ¡adquiere experiencia! No te desanimes si toma un poco de tiempo antes de que la gente te respalde. La mayoría de las personas necesitan tiempo para decidir si quieren seguir a alguien o no. Entonces, se consistente y monitorea tu progreso. Mostrar resultados es la manera más segura de mostrarle al equipo que tienes liderazgo.

No: Ser un "sabelotodo"

La gente aprecia un líder- y una persona en general- que puede admitir cuando está equivocado. La mayoría de nosotros tiene dificultad en aceptar una persona que está tirando a la cara su título o el número de años en un área para lograr lo que quiere. Se humilde y flexible. Si tu idea es buena, eventualmente podrá mantenerse firme. Si no, no te preocupes mucho por esto. La gente respeta más a aquel que ha sido un buen jugador de equipo, al tomar en consideración una idea de alguien más, en vez de tener la razón.

Si: Conéctate con tu equipo

Tu equipo no es un océano. No son una masa o cuerpo. Son individuos y necesitas tratarlos como tal. De esta forma, les será más fácil respetarte. Si no lo haces así, ellos te descartaran inmediatamente. Si no les conoces, ¿Cómo vas a saber lo que es mejor para ellos? Encuentra maneras de conectarte uno a uno con tu gente. Aprende sus nombres, pregúntales acerca de su familia, recuerda sus cumpleaños. Te darás cuenta que el saber cómo relacionarte con ellos también te ayudará a saber cómo presentarles e introducirles, ideas y estrategias.

No: Hacer rabietas

Si no quieres que tu equipo te describa como un inmaduro y nariz parada, entonces no actúes como tal. No hay necesidad de gritar, o salir disparado de la habitación. Los líderes de la vieja guardia pensaban que esto era un despliegue de autoridad. Pero en realidad esto te hace ver como inmaduro e incapaz de controlarte a ti mismo. Haz todo lo posible para ser ecuánime. Si una discusión se presenta, elige posponerla hasta el momento en que te hayas calmado. O usa la razón y la lógica para mostrar que estas en lo cierto y no tu carácter. Es mejor aceptar perder sobre algún tema y mantenerse calmado, de manera madura y consistente. Eventualmente, esa actitud se ganará la admiración de los demás.

Al principio, tendrás que buscar ganar esas victorias por ti mismo mientras tu equipo titubee entre seguirte o desafiar tu autoridad. Puede que luches para conectarte con ese miembro del equipo que se niega a reconocer los esfuerzos que estás haciendo para tratar de conocerlos o que quizás hagan una rabieta o dos. La cosa importante a recordar es que no necesitas ser perfecto, siempre y cuando tengas un propósito. Pon tu mente en eso y decide liderar, se consistente y comenzarás- a notar la diferencia.

L E C C I Ó N 3

CONSTRUYENDO TU CAJA DE ÚTILES

E l liderazgo, como cualquier otro arte, solo puede ser ejercitado sabiamente si tienes los útiles correctos. De la misma forma, ningún buen pintor podría hacerlo sin sus pinceles, canvas o pintura. Así también es importante que los líderes se equipen con los útiles necesarios para poder ejecutar sus capacidades lo mejor posible. *Nadie nació siendo un líder, el liderazgo se aprende.* Esto significa que no tienes que apoyarte en lo que ya sabes o en tus talentos para llegar a ser un buen líder. John C. Maxwell dice, "en 25 años, cualquiera se puede convertir en un buen líder, el secreto está en su agenda diaria." Los líderes exitosos son aquellos que se han hecho estudiantes por toda una vida.

Consejeros

Un consejero es alguien que te puede enseñar a ser mejor en lo que haces. El talento innato es bueno pero no se puede comparar con los líderes con experiencia quienes literalmente "lo han hecho y visto" casi todo. Es increíble cuantos errores de liderazgo se repiten una y otra vez simplemente porque los líderes jóvenes se rehúsan a hacer preguntas, entonces ¡haga preguntas!

Busca personas que han hecho alguna de las cosas que quieres hacer, invítelas a un almuerzo o a tomar un café. Para que alguien se convierta en tu mentor no necesitas un acuerdo formal. No necesitas que te digan "yo seré tu mentor" explícitamente. De hecho, eso puede desanimar a aquellos que están muy ocupados para un tipo de compromiso como este. ¡Simplemente pregunta! Probablemente aprenderás todo lo que necesitas en una simple conversación. Tampoco necesitas tener mentores. De ahí la (es) en el título. Puedes tener un grupo de personas a las cuales puedes cuestionar sobre diferentes tópicos de acuerdo con su área de experiencia.

Grupo de Trabajo:

Lo más probable es que no puedas lograr todas tus metas con un equipo que consiste de una sola persona: ¡tú! Y si así fuera, sería mucho mejor si combinaras tus fuerzas junto a personas claves que pueden añadir valor a tu visión. Me pondré a mí misma como ejemplo, soy buena para escribir contenido pero necesito alcanzar personas que sepan cómo hacer diseño, impresión, código e ideas creativas. Me he enlazado con un equipo de personas que cree tanto en mi visión que me ofrecen su ayuda. ¿Cómo he logrado esto? ¡Simplemente lo pedí! Usted se sorprendería de cuanta gente estaría contenta de invertir en su visión. Después de todo, de eso se trata el liderazgo.

Una lista de valores:

Una de las cosas que les causan más dificultad a los líderes es la toma de decisiones. Es difícil de definir si queremos ser estrictos o flexibles con ciertos asuntos. O cuáles aspectos de nuestra organización merece más de nuestros recursos. Si estás experimentando dificultades en esta área, algo que te ayudara es definir tus valores. ¿Cuáles cosas son importantes para ti como líder? ¿Cuáles son las cosas que tú quieres que sean importantes para tu organización? Ninguna organización puede ser excelente en todo a la vez, pero a esas que les tienes alta estima, estarán reflejadas en la cultura de tu organización. Entonces elije sabiamente. Por ejemplo, sabemos que una compañía como McDonalds valora la velocidad mientras que otra compañía como Chick-Fil-A le otorga un mayor valor al servicio de la clientela. Craig Groeschel, uno de mis oradores favoritos del liderazgo, recomienda definir tus valores al preguntarte a ti mismo 2 preguntas: ¿Qué amo hacer? ¿Qué rompe mi corazón o que me hace experimentar ira santa? Cuando consideramos ambas preguntas, esto nos ayuda realmente a definir el tipo de organización o equipo que vamos a tener. Esto a su vez, nos ayuda a determinar de antemano como vamos reaccionar ante diferentes situaciones y donde vamos a invertir la parte más grande de nuestros recursos.

Una mentalidad de "tu fracaso te prepara para el futuro"

Una buena herramienta a tener es la habilidad de saber que TU fracaso te prepara para el futuro". No importa cuán doloroso sea, el liderazgo y el fracaso van de la mano. Por ejemplo, puedes fracasar a gran escala y que te quiten del liderazgo por un tiempo. O, puede ser, que fracases en una pequeña escala, en el día a día, en la toma de decisiones para luego darte cuenta de que no eran las correctas. Pero el punto es que desarrolles la habilidad de saber que TU fracaso te está preparando para TU futuro… Esto significa que aún si técnicamente has fracasado, has aprendido de esta experiencia la cual te ha impulsado en vez de hacerte retroceder. Tenemos algo que aprender de cada fracaso y situaciones dolorosas que no podemos evitar en el liderazgo. La mayoría de líderes son visionaros y cuando fracasan piensan inmediatamente en el futuro. Aunque ésta es una gran cualidad, es importante mirar al pasado y reflexionar para determinar que podemos aprender de él.

DESARROLLAR HÁBITOS ESENCIALES

Anteriormente, he escrito sobre mi odio por las resoluciones de nuevo año. Las odio porque no veo cual es la necesidad de establecer una fecha para comenzar a hacer algo que estamos supuestos a estar haciendo. Sin embargo, comprendo como el decidir voltear la página hace maravillas con nuestra actitud. Aun así detesto las resoluciones, amo la atmósfera de un nuevo comienzo. Cada Enero, casi puedes olerlo en el aire; la gente se está preparando para cambiar como hacen las cosas. Ahora, si me puedo identificar con esto. Si hay algo que he aprendido es que, las personas exitosas tienen buenos hábitos. Hacen cosas normales y de forma constantes que no solo le hacen progresar hacia sus metas sino también como personas. Entonces, no importa cuando leas esto, que sea al principio del año o en Junio o Diciembre, no esperes un Nuevo Año para empezar a desarrollarte. He aquí 5 hábitos que me aseguro de observar, no importa que mes del año sea:

Planificar

Planificar es como hacer los deberes escolares: Nadie quiere hacerlos, pero si los haces, te ira mejor en los exámenes. En este caso, el examen es: tu trabajo, tu casa y tu productividad en todas las áreas. Te irá mejor si eres bueno organizándote. Piensa por adelantado, en las cosas que quieres hacer en la semana en vez de dejar pasar el tiempo. Aparta tiempo para las cosas que son verdaderamente importante, les sugiero con insistencia-¡compren una agenda! Al principio puede parecer un poco restrictivo pero el pensar y planear tus cosas libera tu mente para crear, visualizar y soñar. También te economiza mucho tiempo pues no tienes que ir y venir constantemente porque se te ha olvidado hacer tus cosas, cosas que no te esperabas y que ahora te tienes que partir en dos para resolver.

Pensar

Toma algo de tiempo todos los días para pensar. Si, lo digo en serio. Hoy en día pocas personas, especialmente los jóvenes, se toman el tiempo para analizar sus vidas y las situaciones en que se encuentran. Toma tiempo a solas para pensar: ¿Cuáles son las cosas que debería estar haciendo y que no hago? ¿Amo lo que hago? ¿Amo como lo hago? ¿Debería cambiar mi camino? ¿Si continuo en este camino terminaré llegando donde quiero ir? El ser intencional acerca de tu vida requiere pensar al igual que tienes que ser intencional para liderar.

Crecer

Oblígate a aprender algo nuevo todos los días. Desarrolla el hábito de dedicar tiempo para tu crecimiento personal aunque solo sean 20 minutos al día. Si hay algo que valga la pena hacer, vale la pena hacerlo bien. Entonces sé el mejor.

Stephen Covey le llama "afilar la sierra". Toma el tiempo para invertir en las cosas que te hacen ser quien eres. Enfócate en hacer tus puntos fuertes aún más fuertes. Si tienes un talento, practica y úsalo. Si tienes una inclinación, aprende y crece en ella. Hay tantas personas que están satisfechas siendo buenos en algo y que pierden la oportunidad de ser grandes.

Yo creo que cada líder necesita un plan de crecimiento concreto. ¿Cuáles son las cosas que estás haciendo todos los días para mejorar tu conjunto de habilidades? No es suficiente dejar el tiempo correr y esperar que el crecimiento llegue por sí mismo. La gente no mejora cuando se queda estancada. En el liderazgo, existen incontables habilidades a ser desarrolladas y esto requiere una inversión de tu tiempo para lograrlo. Diseña una estrategia. Para mí, algunas facetas de mi plan incluyen leer una vez al mes un libro sobre el liderazgo, un podcast de liderazgo al día y por lo menos 2 conferencias al año. Esto me mantiene en constante crecimiento, desarrollo y aprendizaje. Porque también quiero crecer espiritualmente, dedico por lo menos 20 minutos al día a estudiar la Biblia usando un devocional o comentario que me provea una mayor comprensión de lo que estoy leyendo.

Cortar

Si hay algo que no te funciona, sácalo de tu vida. Si estás considerando seriamente tus sueños, la distracción y la pérdida de tiempo son dos cosas que debes despreciar. Probablemente tienes todo el tiempo y la energía que necesitas para cumplir tus metas pero los estas gastando en cosas equivocadas. Crea el hábito de priorizar mientras planificas-los dos van de la mano, así puedes hacer primero las cosas más importantes.

Una vez pasé una semana escribiendo todo lo que hice (*todo*) y luego lo revisé para ver en qué pasaba mi tiempo y al mismo tiempo me preguntaba si eso que estaba haciendo valía o no la pena. Me gustó tanto, que hago este ejercicio mental de vez en cuando. Si no puedes encontrar tiempo para algo importante, revísate, debe haber algo que puedes eliminar que está robando tu tiempo.

Actúa

Decide ser la persona que en vez de reaccionar toma acción. La capacidad de iniciar es lo que separa los líderes de los seguidores. Es increíble lo que puede ser logrado por alguien que decide ser proactivo con sus sueños. En vez de aceptar la desgracia o la decepción busca activamente los útiles, las personas, las situaciones que necesitas para cumplir tu meta. A todos nos gustan las películas en donde el héroe o la heroína sufren de una discapacidad, y a pesar de todos los obstáculos, encuentran la manera de ganar una medalla de oro o el Premio Nobel. Nosotros no nos damos cuenta de que frecuentemente dejamos que nuestras propias "discapacidades" o a veces que el procrastinar nos detenga. Forma el hábito de tomar acción todos los días. Haz algo que te haga avanzar hacia tus sueños y comienza con nuevas ideas tan pronto como las obtengas.

LECCIÓN 5

ESTABLECIENDO METAS

Q uiero hacer énfasis en la importancia de las metas. Establecer metas es uno de esos conceptos etéreos que todo el mundo habla de y está de acuerdo de que es importante. Aun así, cuando actualmente llegas al punto, la mayoría de gente no lo hace realmente. La mayoría de las personas tienen sueños que quieren lograr, pero son incapaces de ver cómo, al establecer objetivos, los pueden utilizar como una escalera hacia sus sueños.

Al establecer objetivos o metas concretas y luchar, esforzarse por alcanzarlos hacemos lo mejor para asegurarnos que al final del año, mes o semana, estaremos de hecho más cercanos a cumplir nuestros sueños. En vez de sentirnos como si lo estuviéramos haciendo-o peor- lamentando el hecho de que no sea este el caso.

Seré honesta, ésta era una de mis peores debilidades. En vez de establecer metas, hacía la cosa más inútil e ineficaz que la gente hace: hacia resoluciones (si, ¡estoy hablando de resoluciones otra vez!). Una resolución es algo que decides hacer pero que difiere de una meta en que no hay una definición del resultado deseado. Es como decir, "quiero comenzar un blog" sin hacer una estrategia de cómo hacerlo o de qué forma va a verse exactamente. Todos lo hacemos en un momento u otro, pero esto no es establecer una meta. Desafortunadamente, es una ilusión que se quedará como un sueño sin cumplir. Una resolución se convierte en una meta cuando defines el resultado final deseado. Es como decir "En el mes de _____ quiero tener un sitio web funcional con una publicación en el blog por lo menos". Ahora tienes algo que puedes comenzar a trabajar. En los meses que se van acercando hacia tu fecha límite sabes que necesitas escribir por lo menos un artículo en el blog, empieza a tomar fotos, hacer planes y cualquier otra cosa que necesites hacer.

Eso es lo maravilloso de establecer metas. No solo te ayudará a hacer más, pero si lo haces correctamente, establecer objetivos también te ayudará a crear un mapa para tu año y así poder lograr hacer más en vez de perder tiempo. Las metas que definas para tu vida te ayudaran a determinar el objetivo para tu año, meses y días. En esencia, es como una pirámide invertida:

OBJETIVOS/METAS
¿Que quiero hacer durante mi vida?

OBJETIVOS ANUALES
¿Qué debo hacer este año para acercarme más a mi proyecto de vida?

OBJETIVOS MENSUALES
¿cómo voy a avanzar a mis metas anuales en este mes? ¿Qué pasos estoy tomando?

OBJETIVOS SEMANALES
¿Qué puedo hacer esta semana para cumplir mis metas mensuales?

OBJETIVOS DIARIOS
¿Cómo puedo trabajar en mi objetivo diario hoy?

¿Ves cómo esto funciona? (establecer) Tus metas, como lo dije anteriormente, debe funcionar como una escalera hacia tus sueños. Cuando aprendemos como usar nuestros objetivos somos capaces de asegurarnos de que vamos en la dirección que queremos. Para lograr esto, primero, debemos tomar cierto tiempo para pensar quien queremos ser y a que queremos que se parezca nuestra vida en el futuro. Cuando comienzas el proceso de cavar tus objetivos, pregúntate a ti mismo:

¿Dónde quiero estar en 5-10 años?

¿Cuál es mi meta final en mi carrera?

¿Qué debo hacer antes de que mi vida termine?

¿Cuál es el próximo paso en mi desarrollo personal? (convertirme en una mejor persona)

Tú no tienes que tenerlo todo descifrado. Una vez tengas una idea sobre lo que quieres lograr, úsalas para planificar lo que vas a hacer al respecto este año y lograrlo. ¿Cuál es el primer paso para hacer esas cosas realidad? Si quiere ser un doctor, por ejemplo, quizás el próximo paso a dar sería completar los créditos de tu licenciatura. Si tu próximo paso, en el ámbito personal, es dedicarle más tiempo a tu familia, hazlo una prioridad- "voy a pasar una noche todas las semanas con mi familia durante todo un año". Este es un objetivo que se puede lograr. Entonces puedes usar esa meta para crear tus objetivos mensuales y semanales. Cada mes, por ejemplo, los incluirás en tu calendario y prepararás las citas. Cada semana, confirmarás el día y en ese día, esta será una de las metas a cumplir.

Mientras continúo esta serie, entraré en más detalle

sobre cómo exactamente lo hago, pero la idea general es ésta: el establecimiento de las metas debe ser un proceso continuo. Es algo que se hace diariamente. Así es como te aseguras de que estas cumpliendo las metas que te has trazado. Al final de año podrás ver si has faltado una o dos veces a tus citas con tu familia, pero puedo garantizarte que habrás tenido muchas más que el año anterior y ¡eso es lo que estamos buscando!

Estableciendo metas objetivas

Una vez hayas tomado tiempo para explorar el tipo de metas que quiere establecer, la próxima etapa es asegurarte de que estos objetivos sean reales. Para eso debes ser realista. Cuando algo es objetivo, eso significa que no va a ser influenciado por los sentimientos, ni las opiniones, este estará representado por hechos concretos. Para establecer verdaderas metas, que funcionen, tienes que asegurarte que éstas están siendo medidas no por lo que sientes, sino por hechos concretos. En el capítulo anterior, di como ejemplo el completar x cantidad de créditos para obtener tu licenciatura-12 para ser exactos. Eso puede ser medido. Al final del año escolar no podrás decir "siento que me fue muy bien". Vas a saber, de hecho, si te fue bien o mal. Quizás te estés preguntando porque insisto tanto sobre esto. He aquí el por qué: "la objetividad es una manera de ganar la guerra contra nosotros mismos".

Te puedes dar cuenta que somos muy indulgentes con nosotros mismos cuando se trata de alcanzar nuestras metas. Tenemos la tendencia de involucrar nuestros sentimientos y darnos una oportunidad cuando sabemos que estamos demasiado cargados... De esta forma, nosotros podemos convertirnos en nuestros propios enemigos. Nos consentimos demasiado. Al establecer metas objetivas y escribirlas las despoblamos de todo sentimiento. No estamos "negociando" con nosotros mismos. Nos estamos retando a elevarnos a un nuevo estándar. Un buen liderazgo comienza con la capacidad de hacer esto. Porque después de todo, ¿si no lo podemos hacer por nosotros mismos, cómo podremos hacerlo para con nuestro equipo de trabajo?

Antes de que continúes con la lectura, te recomiendo que tomes algunos minutos para cuestionar tus metas y ajustarlas si lo necesitas. Te sugiero que escribas tu lista, y la pongas en un lugar donde la veas todos los días, para así mantenerte al día con ellas. Si quieres ver si tus metas son objetivas, responde las siguientes preguntas:

¿Tienen fecha límite?

Una meta sin fecha límite no es una meta- ¡es un espejismo! Asegúrate de que tengas establecido un tiempo específico para completar tus objetivos. Recuerda que estamos tratando de ganar una guerra en contra de nosotros mismos. Sin un tiempo límite, damos espacio a procrastinar y arriesgamos no tener ningún progreso por todo un año.

¿Existe alguna manera de reconocer el éxito?

Nuestras metas tienen que ser específicas y medibles para poder reconocer nuestra victoria. Trata de evitar ser demasiado amplio o impreciso con tus objetivos como al decir: "este año no miraré tanta tele." Asegúrate que hay una manera de medir que tan cerca o lejos estas de alcanzar tus metas, así vas a saber si tienes que apretarte el cinturón, o tener una conversación seria contigo mismo. Si tu meta se asemeja más a completar un proyecto, asegúrate de tomar el tiempo para planear todo.

¿Son realistas?

Cuando estamos estableciendo metas no es el momento de soñar, queremos ser honestos con nosotros mismos y reconocer nuestras limitaciones. Si establecemos metas poco realistas, nos ponemos en una situación que nos llevará al fracaso y ¿quién necesita otro fracaso más?

Asegúrate de que todas tus metas son consistentes con el lugar en que te encuentras hoy en tu vida. De no ser así, crea una meta a partir de pasos a seguir- un objetivo que, te acercará un poco más a dónde quieres ir, para así atacar la meta real. Si, por ejemplo, tu meta implica abrir un negocio, lo que puede significar la necesidad de un gran capital que tú no tienes todavía-te recomiendo una meta por etapas para comenzar adquirir capital. Cuando quiero verificar si una meta es realista, pienso en todos los pasos que cumplir para alcanzar mi meta. Si todas esas cosas pueden ser logradas en este año, se convierte en unas de mis metas anuales. Si no, en vez de eso, elijo cumplir uno de los pasos (establecidos anteriormente).

¿Están bajo tu control?

Por definición, una meta es algo que queremos lograr. Esto es lo que lo separa de un deseo. Podemos desear que algunas situaciones cambien en nuestra familia o que la persona que nos gusta nos pida salir a una cita, pero estas son cosas que no debemos fijar como metas. Debemos evitar hacer objetivos que requieran que otras personas cambien de parecer o hagan algo fuera de lo común. A menos que hayas llegado a un acuerdo con esa persona de hacer algo juntos, recuerda que no puedes controlar a nadie más que a ti mismo. Entonces asegúrate de que tus metas sean cosas donde si tengas el poder de lograrlas, aun si el resto del mundo se quede tal cual- estas son *tus* metas.

APRENDIENDO A PRIORIZAR

Siempre existe algo o alguien que exige nuestra atención y siempre estaremos ocupados. El problema radica en que ocupación no es igual a eficacia. Puedes estar ocupadísimo y al final del día cuando lo analizas te das cuenta de que a pesar de que toda tu energía fue utilizada no te acercaste para nada a tus metas. Estuviste activo pero no fuiste intencional con tu actividad y ¡no estás solo! Una de las cosas más difíciles para un líder entender es como priorizar.

Claro, todos pensamos que priorizar es importante, pero no lo ponemos en práctica. El resultado es que no aprovechamos el tiempo. A veces, ser más eficaces significa tener que ser más crítico de las cosas que permitimos en nuestras listas de que haceres y calendarios. De no ser así, desperdiciaremos nuestro valioso tiempo haciendo cosas que no son necesarias y que no valen la pena. Antes de permitir que algo entre en su lista, que te ocasione estar más ocupado que antes, responde las siguientes preguntas:

¿Es esta tarea necesaria?

Puede parecer obvio, pero es sorprendente cuantas veces terminé con tareas en mi lista o agenda solo para darme cuenta que, si lo hubiese pensado por unos minutos, hubiera podido encontrar la manera de eliminarlas o de resolver el problema sin tener que pasar por tantas etapas. Antes de decidir salir, como un bólido por la puerta, asegúrate de que es algo que realmente necesita hacerse.

Siempre recuerda preguntarte ¿cómo contribuye esto en general a mis metas? Las tareas que requieren tiempo y esfuerzo, pero que no contribuyen en general a tus metas ¡pueden hacerte malgastar tu tiempo! Siempre soy culpable de tener grandes ideas sobre cómo yo mejorar o perfeccionar mi liderazgo. Pero al examinarlo detenidamente, me doy cuenta de que lo que sea, simplemente me va a distraer y que el resultado no es tan importante para mí como son las demás cosas. Ser eficaz significa comprender que no tienes una cantidad infinita de tiempo, entonces ¡úsalo sólo cuando valga la pena!

¿Se necesita completar esta tarea inmediatamente?

Muchos de los líderes son activadores y les gusta hacer las cosas de inmediato. Tenemos que ser cuidadosos y no dejarnos llevar por las cosas que parecen relativamente pequeñas y urgentes porque no vemos la urgencia de las tareas más grandes. Por ejemplo: frecuentemente, cuando estoy en la oficina me llaman por algo que ha sucedido y que requiere aparentemente mi atención inmediata.

Puede ser muy tentador para mí dejar todo lo que estoy haciendo e ir a resolver el problema. Pero he aprendido que al hacer esto, desperdicio mi tiempo y no puedo completar lo que estaba haciendo. No solo eso, puedo pasarme todo el día corriendo de aquí para allá en la oficina, teniendo reuniones imprevistas y pensando por mi equipo en vez de dejarles que ellos encuentren la solución.

Nunca poder terminar el trabajo que tengo que hacer. He aprendido que a veces está bien dejar algo para la semana próxima o para mañana si esto interfiere con algo que necesito completar hoy.

¿Soy la mejor persona para este trabajo?

He aquí un golpe duro para nuestro ego, líderes: el hecho de que seamos líderes no quiere decir que somos la mejor persona para cada trabajo. Algunas de las labores representan una oportunidad para retar, enseñar o equipar a alguien de tu equipo. Puedes descubrir que ellos son más dotados naturalmente en esa área que tú. Existen demasiado líderes que tratan de hacer todo por sí mismos y como resultado terminan súper ocupados y con un grupo de trabajo que implora que se les dé más responsabilidades. De vez en cuando, no está mal que alguien más tome las riendas aun si hay riesgos de que fracase.

Esto representa una oportunidad para aprender. Recuerda que como líder, no puedes alcanzar las obras más grandes si no delegas las pequeñas. Siempre pregúntate si ¿tiene que ser yo? ¿Puedo preguntarle a alguien de mi equipo que tome las riendas? Si la respuesta es afirmativa entonces esta tarea no tiene que estar en tu lista de quehaceres. ¡Llena tu lista sólo con cosas que son necesarias para que alcances tus metas! Especialmente al comienzo de tu liderazgo.

Muchos de nosotros tenemos la tendencia a asumir más responsabilidades quitándoles de esta manera algunas de las mismas a los miembros de nuestro equipo. Que fuese por humildad o por inseguridad, cometemos el error de tomar todo el trabajo y como resultado, no desarrollamos a otros líderes dentro de nuestro equipo. Es por esta razón que nos sentimos agobiados por el estrés y fracasamos al tratar de hacer todo lo que debemos hacer. Te haces daño y le haces daño a tu equipo cuando haces cosas que deberías delegar a alguien más. Ellos no están aprendiendo y tú no estás enseñando-entonces nadie está haciendo su trabajo.

Uno de mis mentores personales me llamo la atención una vez y me dijo que yo no estaba haciendo un montón de cosas mientras estaba dedicando demasiado tiempo al trabajo de los demás. Por mi culpa, los miembros de mi equipo no estaban brillando (no sobresalían) y no podía asumir mi próximo nivel de responsabilidad. Antes de asignarte algún trabajo pregúntate: ¿alguien más lo puede hacer? Si la respuesta es no, entonces es tu trabajo. ¡Comienza a trabajar! Si la respuesta es si entonces tu trabajo consiste en encontrar la persona adecuada para hacerlo. Eso quiere decir, ¡cualquier persona menos tú! Nuestro deber es asegurar que cada miembro de nuestro equipo esté enfocado en su área de mayor impacto- incluyéndonos a nosotros mismos.

¿Qué tal si digo no?

Es muy frecuente el caso de como líder se te requiera en cada reunión, llamada conferencia, en la cadena de correos electrónicos y los mensajes texto de los grupos de la organización. Algunos esperan que tomes decisiones inmediatamente de casos de suma importancia, en el medio de un pasillo. Ellos-se los prometo-te llamarán durante tus vacaciones familiares, para hacerte preguntas que bien otra persona puede responder-a menos que aprendas a decir no.

Aprende a guardar tu precioso tiempo y tu paz mental al establecer límites. Esto no quiere decir que soy inflexible en casos de emergencia, o si un miembro del equipo está confuso y me pide ayuda. Lo que esto si significa, es que he establecido límites para proteger mi propia productividad. No asisto a todas las reuniones a las que estoy invitada de un momento a otro. Pido a la gente que respete mi tiempo al concertar una cita conmigo, para así poderles prestar toda mi atención a la situación, hacer la investigaciones de rigor y terminar el trabajo que ya tenía programado. No respondo todas las preguntas que me hacen en el mismo momento. Le pido a la gente que haga una lista de sugerencias, me las envíen por correo electrónico y me permitan un tiempo para pensar antes de responder. O, los dirijo hacia otra persona igualmente capaz de tomar la decisión. Cuando alguien entra a mi oficina y estoy ocupada, de una manera cortés, le pido que regrese cuando pueda atenderle debidamente. A veces, simplemente digo no. De no ser así, pasaría cada minuto de mi día en reuniones o en el teléfono y no tendría tiempo para soñar, planear o liderar, dirigir. Sí, estoy aquí para servir, pero dentro de límites razonables que he establecido para proteger mi tiempo, mi salud, y mi paz mental. Te reitero, tu trabajo es liderar, dirigir, es enseñar a los demás como resolver problemas y hacer que las cosas funcionen bien cuando no estés ahí. Ten cuidado con las cosas como estas que te solo te hacen poco productivo, pero que también te estresan y te desgastan.

CREANDO UNA CULTURA

C omencé este libro con el desarrollo de convicciones porque verdaderamente creo que es el punto de comienzo al convertirte en un líder. Sin embargo, formarse sus propias convicciones no hace nada si el resto de tu equipo, organización o empresa no es un reflejo de esas creencias. Como líder, es tu responsabilidad crear una cultura. La cultura de la organización depende de que el líder (o lideres) piensen sea importante o valioso implementar (¿ven lo que he hecho aquí?). Básicamente, tu equipo tomara pautas de ti y la gente fuera de tu organización (sean clientes o miembros de una congregación) tomaran pautas de tu equipo. La cultura y valores que establezcas definirán como el público te percibe. En cada cosa que hagas, que te des cuenta o no, les impartes la idea de lo que es aceptable, lo que es importante y como esperas que actué tu equipo. Es mucha responsabilidad, ¿no? Les prometo que no estoy tratando de asustarles. Si quiero que asegurarme de que comprendan la importancia de ser intencional en cada cosa que hagas como líder.

Este tipo de preguntas intencionales definen tus valores personales, y te ayudan a determinar cuáles valores quieres infundir en tu organización. Por ejemplo, mi compañía

Gracia Milenaria fue fundada por mi pasión para ayudar a líderes y negocios jóvenes a crecer-algo que amo. Ame convertirme en líder y aprender las habilidades que me hicieron quien soy hoy, y quiero compartir esto con los demás. Como resultado, mi equipo y yo valoramos actitudes que refuerzan lo que creo que nos lleva hacia el éxito: excelencia, eficiencia y organización son algunos ejemplos de esto. Porque se los he dejado claro, ellos saben que cualquier cosa que refuerce nuestros valores será implementado y lo que no, les pediré que lo mejoren para que esté alineado con nuestros valores. Si estas preguntándote cual puede ser la cultura de la organización, formúlate las siguientes preguntas acerca de tu organización, equipo o marca:

¿Qué es lo que premiamos aquí?

Independientemente de lo que digas que son tus valores, tus acciones siempre hablaran más fuerte que tus palabras. Entonces pregúntate: ¿Por cuales cosas premio a mi equipo? ¿Qué saben que pueden hacer para avanzar en este grupo? ¿Premio a los soplones, chismosos o calumniadores? ¿Celebro ahorrar dinero aun cuando esto significa sacrificar excelencia?

He visto muchos negocios y mismo ministerios que dicen valorar la integridad, por ejemplo, pero recompensan a los miembros que mienten a los proveedores o se venden los unos a los otros. Estos líderes están enviando un mensaje más poderoso que cualquier palabra. Si usted quiere que su equipo muestre un comportamiento especifico, sea intencional asegurándose de que sepan cual es la única manera de avanzar en su organización y que los atajos son inaceptables.

¿Qué ignoramos aquí?

Algunas veces el silencio es tan poderoso como el refuerzo positivo. Las cosas que ignores también envían un mensaje importante acerca de cuáles son tus valores. Cuando tengas demasiado sobre ti, puede ser tentador como líder ignorar pequeñas confusiones, tardanzas y errores. Se consciente de que cada vez que ignoras algo estas reforzándolo pasivamente. Con el tiempo, tus miembros del equipo desarrollaran la idea que "no es gran cosa" y actuaran en consecuencia.

¿Qué acapara la mayoría de mi atención?

Pregúntate que acapara la mayoría de tu tiempo, tus recursos y tu atención total. ¿De qué hablas más? ¿En que estas dispuesto a invertir tu tiempo y dinero? ¿Sobre cuáles reuniones, obviamente, eres más entusiasta? Las respuestas a esas preguntas deben ser fáciles para ti y puede que te sorprenda que tan fáciles pueden ser para tu equipo. Mientras te van conociendo como líder, ellos estarán al tanto lo que toca tu corazón y probablemente invertirán en esas cosas también. ¡Eso es bueno! Pero ten cuidado de ser desequilibrado. Puede haber algunas cosas sobre las cuales debes poner más énfasis o hablar más intencionalmente. Quizás no sean las más divertidas o atractivas, pero si reflejan tus valores deben ser conocidas.

¿Qué modelo?

Por último, ¿Qué modelas? Por mucho que te quiera decir que todo "haz lo que te digo y no lo que hago" funciona-no es cierto. La verdad es que, no importa lo que premies, en lo que inviertas o que tanto empujes, si no practicas lo que predicas, tu equipo se hará la idea de que lo que dices no es tan importante. La responsabilidad de vivir tus valores simplemente viene con el territorio de ser líder. Si esta es un área con la cual estas teniendo problemas cumplir, trata de re-evaluar si estas son verdaderamente importantes para ti. Puede existir la posibilidad que no lo sean, y que simplemente lo quieras hacer por hábito o porque era importante para alguien más. Sin embargo, si esto es algo que valoras, asegúrate que lo estas modelando para tu equipo. Verdaderamente, lideres excepcionales son aquellos capaces de inspirar sus equipos a creer en sus valores, tanto como ellos lo hacen. La única manera de hacer esto es mostrándoles que honestamente crees en lo que haces.

LIDERAR CUANDO NO ESTÁS A CARGO

Quiero tomar algo de tiempo para abordar aquellos que leyeron con nostalgia los capítulos sobre establecer una cultura y desearon con todo sus corazones que hubiera algo que pudieran hacer acerca de su ministerio o en tu trabajo, pero que leyeron el capítulo de mala gana porque no han llegado a la cima. Tienes un gerente, un CEO, o un pastor al cual debes darle cuentas, y tristemente (para ti) no puedes tomar decisiones. Por ahora, piensas que todo lo que puedes hacer, es hacer lo que mejor puedas, y esperar que se retiren (y solo podemos esperar que lo hagan pronto, ¿cierto?) o por el día en que tú puedas tener su trabajo. Mira, sin juzgar aquí. (No estoy juzgando –a nadie). Realísticamente, la mayoría de líderes no son absolutamente la parte superior de la cadena. En cualquier organización habrán ejecutivos de segundo y tercer nivel, y específicamente si estas en los 20 y 30 probablemente, es aquí donde te encuentras- y créeme, lo entiendo.

Existen desafíos únicos al ser el segundo (mismo tercero) al mando. Algunas veces estarás de acuerdo con tu jefe y, sin embargo, verás como el resto del equipo tiene razón. Eres el intermediario; y tienes la suficiente responsabilidad como para querer arrancarte los cabellos, sin embargo no tienes el control suficiente para cambiar todo lo que te está estresando. Puede ser agotador. Pero puedo asegúrate que no tienes que sentarte a esperar que llegue tu turno. Hay mucho que se puede hacer desde el lugar en que te encuentras. No es tan fácil, pero el cambio es posible. Solo tienes que hacerlo de una manera inteligente.

Este es un capitulo muy personal para mí porque aun si soy la cabeza de mis propios negocios, trabajo bajo mi padre como una de las pastoras ejecutivas de la iglesia que mis padres fundaron y puedo asegurarles que esto tiene sus retos. Para decirlo claramente, somos dos personas diferentes, con experiencias diferentes y de dos generaciones totalmente diferentes. Definitivamente nosotros no estamos siempre de acuerdo. Pero al final del día, El está a la cabeza. Y aunque pudiera mentirles si les dijera que he encontrado la llave para liderar sin ningún esfuerzo con él, a través de los años (y mucha oración) he aprendido algunas llaves para lograr que funcione.

Les advierto, este no será el capítulo más fácil de leer. La verdad es que, los líderes quieren hacer justamente eso: liderar, y es difícil poner de lado tu propio parecer y aceptar el de otra persona. He visto tantos líderes jóvenes terminar amargados, o abandonando su organización porque no podían balancear seguir a su líder y liderar sus seguidores. Si te encuentras en este lugar, espero que te pueda motivar a no darte por vencido. Como podrás leer a través del resto del capítulo, la influencia es una calle de doble vía. Quizás no te puedas dar cuenta todavía, pero puede que seas exactamente lo que tu líder necesita para aprender algunos de esos principios por sí mismo/a. He aquí algunas llaves para mantenerlo todo bajo control mientras estés liderando, sin estar completamente a cargo:

Lidera y se liderado

La mayoría de líderes jóvenes aman liderar pero no soportan ser liderados. Desafortunadamente, no tienes opción si no eres el líder mayor de tu equipo u organización. Esto continuara a ser verdad, sin importar que duro luches para controlar o discutir con la persona que te lidera. Tendrás que aceptar que fuera el destino, Dios o simplemente suerte, esta persona está al mando y necesitarás respetar eso y permitirle que te lidere. Si eres sabio, aprenderás a encontrar gozo y alivio en el hecho que ellos te pueden enseñar y ayudar y porque a causa de ellos el peso de la organización no cae sobre ti (créeme eso no es una cosa pequeña).

He visto muchos líderes jóvenes llegar a una organización y escalar hasta un lugar de influencia con humildad y excelencia, solo para llegar ahí y decidir que no quieren respetar más la persona que una vez siguieron. Y si, parte de la razón puede ser la testarudez, ignorancia o incompetencia de tu líder. Solo recuerda que tú también tienes faltas. Y más tu equipo decida des-honrar sus superiores, menos valor le darán a honrarte. Entonces, vive y deja vivir-lidera y se liderado. Permítele a tu líder ser contigo, quien tú esperas los miembros de tu equipo te permitan ser con ellos. Acepta su visión, corrección y dirección, porque después de todo, ellos solo están haciendo su trabajo.

Haz paz con tus límites

Si eres algo como yo, has perdido el sueño por algunas de las cosas que verdaderamente te preocupan en la organización, pero tu líder se rehúsa a cambiar. Si ese eres tú, necesitas aprender, como lo he hecho yo, a hacer las paces con tus límites. Si hay cosas que tu líder no quiere que toques-déjalo pasar. Si hay situaciones fuera de tu control, acéptalas. Al final del día, ellas son la responsabilidad de tu líder y te vas a volver loco (a) si tratas de hacerte responsable de cada cosa que suceda. Tengo un dicho que me canto cuando mi líder me dice no, o me pide que me quede al margen: Donde manda capitán, no manda soldado. En otras palabras, si esta fuera de mis responsabilidades, tengo que dejarlo pasar y hacer las paces con los límites que se me han dado.

La influencia funciona en ambos modos

Así como puedes influenciar a aquellos debajo de ti, también pues influenciar a aquellos por encima de ti. Nunca debemos olvidar el privilegio de ser el segundo al mando, porque frecuentemente, nuestros líderes, buscan input en nosotros. Si somos sabios, nos daremos cuenta de que usar nuestra influencia, para ayudarles a liderar, puede ser lo mejor que podemos hacer por nuestros líderes y la organización.

Cada uno de estos principios en este libro acerca de ganar influencia con tu equipo puede ser usado también para ganarte la confianza de nuestro líder. No seas testarudo, hagas una pataleta, o engañoso. La gente y tu líder pueden darse cuenta. Si se te ha hecho difícil que tu líder te escuche, pregúntate ¿Por qué es así? Es posible que tendrás que hacer por ti mismo, algo de trabajo, para ganarte su respeto. Una vez lo tengas, ganaras los inmensos beneficios de tener el apoyo de tu líder. En vez de luchar en contra de ellos, podrás trabajar junto a ellos y ellos a su vez podrán ayudarte hacer mucho del trabajo pesado. A veces, no estoy de acuerdo con mi padre, pero me he ganado su respeto y soy capaz de pedir la oportunidad de probar mis teorías y tratar sistemas aun cuando él este en desacuerdo. Al ganarme su confianza, he podido traer cambios positivos a la organización, y sé que tanto mi padre, como mi equipo lo aprecian.

Ampliamente-comunicado

A nadie le gusta ser micro-administrado, entonces si tu líder es un poco controlador, puedes que quieras comunicar un poco menos, para hacer lo que quieras. Probablemente no lo haces maliciosamente, solo quieres terminar algo antes de que él se inmiscuya. Sin embargo, te ruego, ¡lucha contra esta tentación! Mientras menos te comunicas con tu líder, habrán menos probabilidades de lleguen a ponerse de acuerdo. No sólo eso, esto lastimaría tu oportunidad de influenciar porque te hará parecer engañoso, aún sin serlo. Admítelo, a ningún líder le gusta la idea de que alguien, dentro de su organización, tome decisiones sin que ellos lo sepan. Si tu equipo te lo hace y no te gusta, entonces no se lo hagas a tu jefe, incluso cuando pienses que lo estás haciendo por su propio bien.

Los líderes que no comunican-suficientemente, tienden a alarmar aquellos que están sobre ellos, y la consecuencia usual es, que a ellos se les restringen las áreas de responsabilidad. Para ellos, el darte un área de responsabilidad significa darte un área de la cual nunca escucharan, entonces, ¿Por qué querrían esto? Se transparente y minucioso cuando te comuniques con tu líder, muéstrale que cuando algo se te es dado, estarán al tanto de cada uno de tus movimientos-es así como te ganarás su confianza.

Además, mantener la comunicación con tu líder hace difícil que la gente pase por encima de ti a llevar chismes. Todos hemos tenido la experiencia de ese miembro de equipo que sabes que si dices izquierda (una cosa), ellos irán a tu jefe y lograrán que este diga derecha (lo contrario) Para cuando te des cuenta de lo que ha hecho tu empleado, será muy tarde-ellos habrán logrado lo que quieren. Siempre me esfuerzo por llegar a mi líder primero. Si él está al tanto de todo lo que he dicho, nunca me contradecirá delante de mi equipo. Porque aun si no está de acuerdo conmigo, seré la primera en saberlo, y podré hacer los ajustes necesarios. Cuando se trata de la comunicación, mas es siempre mejor.

Aprende a "tragarte el orgullo"

Al final del día, no importa cuántos consejos hemos aprendido, vamos a entrar en desacuerdo y probablemente nos gritaran y a veces nuestros líderes nos harán quedar mal. Habrá días cuando alguien pasara sobre tu cabeza o un malentendido ocasionara que tu líder te culpe injustamente. Y también habrá días donde estés furiosa por el hecho de que estas en completo desacuerdo con el método o estilo de tu jefe y no habrá nada que puedas hacer. En esos días, respira profundo y trágate el orgullo. Algunas veces tendrás que ser humilde y admitir que te equivocaste. Algunas veces tendrás que tomar la responsabilidad del error de otro. Solo recuerda que parte del proceso. Es muy probable que tu líder no este hiriéndote intencionalmente sino simplemente no sabe qué hacer. Cuando te sea posible, haz lo mejor para ayudarles. Usa tu influencia para que lo hagan mejor la próxima vez, pero hazlo con respeto y humildad, te prometo que esto mejora mientras ambos continúan creciendo.

ADMINISTRAR RELACIONES

Existe un viejo adagio que dice que no debes acercarte demasiado a la gente que diriges. Que debes tener dos círculos diferentes: uno personal y otro profesional y que ambos no deben mezclarse. De ser cierto, estoy metida en serios problemas. De más de 40 personas que dirijo en nuestras oficinas, existen dos tías, un tío, dos primos, tres de mis amigos íntimos y otras más que son relaciones personales. Toda mi oficina me conoció como una jovencita con frenillos y han sido testigos de que he hecho más de un millón de cosas cuestionables que me pueden desacreditar y de la persona en la cual hoy me he convertido. Para mí, separar el ámbito personal del laboral nunca fue una opción realmente, y eso conlleva en si un grupo de desafíos. Desde que comencé a liderar, he tenido que confrontar situaciones incomodas. Aun ahora mientras escribo me estremezco al recordar cada vez que he tenido que negar a uno de mis amigos íntimos un día libre o cuando he tenido que confrontar a miembros de mi familia a causa de su rendimiento en el trabajo.

Para ser completamente sincera, ésa es la parte más difícil de mi trabajo y que como ya he dicho antes, de acuerdo con la idea convencional de liderar, es completamente errónea.

Generaciones anteriores creían que uno debía mantener una distancia con las personas que dirigimos y que no debíamos involucrarnos demasiado emocionalmente. Aun así, mientras reflexiono sobre mi situación peculiar, me doy cuenta de que los líderes más grandes rompieron esta regla. Los líderes que cambiaron el mundo: Madre Teresa, Martin Luther King, y Jesús fueron caracterizados como personas que actualmente si les importaban los demás. Ellos fueron líderes que creyeron- como lo hago yo, que no deberías estar solo en la cima.

El buen liderazgo es inherentemente relacional. Para poder obtener lo mejor de las personas que diriges, necesitas invertir en ellos, pasar tiempo con ellos y a menos que seas un robot-necesitas desarrollar lasos afectivos con ellos. No estamos en la era de los jefes, de los años 60, donde ellos podían gritar las órdenes y la gente las cumplían mecánicamente. Nuestra generación necesita creer en el líder y en la visión para así ser mejor. Y como líderes, nos importa que ellos den lo mejor de sí mismos porque esto a su vez nos hace mejores. Nublar las líneas de la amistad y del profesionalismo es aterrador precisamente porque sabemos que no siempre damos lo mejor de nosotros mismos y nos da miedo que nos lo digan. Sé que cuando lo hago, seré confrontada por las personas que trabajan para mí porque no me tienen miedo. Y en el quid del asunto está-la regla de que la cima es un lugar solitario", y el líder que necesita ser temido para poder tener bajo control a todo su equipo. Pensamos que si las personas tienen demasiada confianza o no nos tienen miedo, no nos respetan. Ésta es una noción errónea. En realidad miedo no equivale a respeto. El hecho de que miembros de tu equipo te conozcan lo suficiente para decirte cómo se sienten acerca de ciertos asuntos, no quiere decir que no te respeten a ti o a la labor que haces. El hecho de que sientan miedo para decirte la verdad cuando no estés en lo correcto no significa que te respeten. Existe una gran diferencia.

Algo que he aprendido trabajando con mi loca, híbrida media-familia, media oficina, es que está bien de que te vean como un ser humano aun cuando eres quien da las pautas a seguir. No importa cuánto he tratado de ocultarlo, mi equipo sabe que cometo errores. Saben que me molesto, que pierdo el hilo y que no siempre no soy razonable. Pero la ventaja de tener una relación personal con ellos es que, creen en mí y se quedan a mi lado. Yo me esfuerzo por ser honesta y sincera cuando he cometido un error y a pesar de esto, ellos continúan dándome lo mejor de sí, aun cuando he fallado completamente. He invertido mucho en ellos para ganármelos. Esto a su vez, me permite dejar la necesidad de que ellos me obedezcan de inmediato. Puede sonar contraproducente, pero la gente que te obedece sin cuestionar, no son aquellas que te llevarán a tu destino. Necesitas personas que vean las cosas de manera diferente de ti. Ellos compensan tus áreas débiles y mientras no crucen la raya de la falta de respeto, necesitas a ese tipo de personas porque su cuestionamiento te evitará cometer errores. Así como muchos dicen que la cima es solitaria, la gente que ha llegado no lo ha logrado por sí mismos. La gente que ha podido llegar han sabido cómo aprovechar sus puntos fuertes y encontrar a otros que complementen las áreas más débiles. Estas son las personas que quiero tener a mi lado cuando llegue a la cima. Éstas son las personas con las cuales si vale la pena establecer relaciones duraderas, aun si estoy al tanto de que las cosas se pueden tornar un poco incómodas rápidamente. Porque para ser honestos esto no es tan fácil como parece. Han habido momentos en que he tenido que ser firme y dar pautas claras que han suscitados desacuerdos y argumentos. Mi equipo sabe que eventualmente tendré que hacer lo que creo es correcto, aun si no parece ser lo mejor personalmente para ellos. Y no puedo decir que esto no me ha causado tanta incomodidad como a ellos. Pero es ahí, donde existe una relación personal, que la incomodidad puede ser perdonada y olvidada.

Para comprender todo esto es necesario reconocer que el liderazgo es más mano a mano que de arriba- abajo. Se trata menos de la posición y más de la influencia. El liderazgo de arriba-abajo es un estilo de dirigir donde el líder está a la cabeza usando a los demás para escalar y granjearse su éxito. Estos líderes usan su posición y dominio para hacer que la gente obedezca, lo cual causa una distancia automática entre ellos y su equipo. De ahí la gran soledad que sienten en la cima. Los líderes que trabajan mano a mano con su equipo, entrelazan sus brazos con ellos. Ellos comprenden que puedes lograr más al inspirarles que sean parte de tu visión- lo que a su vez, hace una relación personal inevitable y una de las mejores cosas que te puede suceder. Porque el estrechar e importunar puede resultar en algo incómodo y estresante de manejar, pero saber que hay personas a tu lado, actualmente de tu parte no tiene precio. Uno de mis autores favoritos, John Maxwell dice "a la gente no le importa cuánto sabes hasta que llegan a saber que si son importantes para ti". Esto encuentro es una verdad muy profunda. Que nos guste o no, el liderazgo se trata de la gente. Es llegar a conocerles, empujarles y a veces pelearte con ellos, valorando la persona que has llegado a ser, cuando creces no sólo en liderazgo sino también como ser humano. El liderazgo no es una manera de dejar o poner de lado la experiencia humana. Pero con él, vienen todos los dolores, alegrías y vergüenzas que caracteriza a la humanidad. ¿Acaso no es mejor así? ¿No es mejor saber que mientras luchas por lograr tus sueños no necesitas estar solo cuando los llegues a cumplir? Definitivamente pienso que sí.

TENIENDO CONVERSACIONES DIFÍCILES

A través de este libro, he discutido muchas facetas importantes del liderazgo. Hemos aprendido que el liderazgo es relacional, que requiere influenciar otros para que se comporten de cierta manera. Este nos llama a establecer una cultura y estándares de lo que es y no es aceptable en nuestras organizaciones. Para poder cumplir estas cosas, vamos a necesitar aprender a como tener conversaciones reales, francas y algunas veces difíciles. Aunque quisiera decirle que toda regla que implemente o estándar que levante va a ser cumplido con una comprensión y cooperación inmediata de sus miembros, la verdad es que no todos van a comprender los sistemas y procesos que establezcas. Más allá de eso, aun aquellos que si comprenden, no siempre van a cooperar desde el principio.

En tu liderazgo, habrá muchos casos en donde será necesario confrontar miembros de tu equipo, compañeros y aun nuestros propios líderes con el fin de clarificar tus expectativas o hacer de mediador en un conflicto. Quiero dejar bien en claro que la confrontación no siempre significa una discusión y no siempre es, por naturaleza, agresiva. La palabra "confrontación" frecuentemente tiene una connotación negativa. Hay muchos líderes que titubean ante confrontar situaciones, a causa de miedo a no ser bien recibidos, a no caerles bien o que se les considere groseros. Por otra parte, algunos líderes se imponen sobre su equipo confrontando a cada uno sin tener en cuenta sus sentimientos. Les recomiendo un balance entre estos dos extremos. Si temes la confrontación y evitas conversaciones o temas incomodos, te será muy difícil (casi imposible) corregir comportamientos en tu equipo que pueden estar dañando tu organización. Sin embargo, si no eres sabio en la confrontación, arriesgas dañar tu influencia. Tu equipo puede comenzar a verte como a alguien frio, manipulador o simplemente cruel y con el tiempo, te será aún más difícil inspirarles a que cooperen o a que se queden en tu equipo.

Es importante para los líderes jóvenes que se conviertan aprendices del arte difícil de la conversación. Al aprender a tener estas conversaciones, ayudamos a establecer una cultura de honestidad y de apertura entre los miembros de nuestro equipo. Cuando somos abiertos, honestos, profundos y exhaustivos, otorgamos a nuestros miembros una oportunidad de comprendernos, en vez de asumir que saben lo que pensamos, y lo que esperamos de ellos. También nos damos la oportunidad de comprenderlos a ellos, en vez de asumir que sabemos lo que ellos necesitan para tener éxito. Aunque te sientas incomodo o apenado al principio, veras después de una conversación fructífera, siempre hay, usualmente, un sentido de claridad que puede ayudar a evitar futuros conflictos. No puedo decirles cuantas veces he visto aumentar la tensión por un simple malentendido. Cuando la tensión es ignorada, en vez de ser confrontada, frecuentemente trae en el futuro, conflictos más intensos que pueden convertirse en distracción tanto para seguidores y líderes.

Muchos entre nosotros crecimos en casas donde las disputas interpersonales no eran discutidas y podemos tener muy poca experiencia en hablar, abierta y honestamente, especialmente si nuestras emociones están implicadas. Pero, con práctica, podemos convertirnos en expertos en transmitir información incomoda-como por ejemplo: decirle a alguien que tiene un desempeño no-satisfactorio o que su comportamiento no es aceptable-con compasión, bondad y claridad. No debemos permitir que las cosas se prolonguen en nuestras organizaciones sin confrontarlas y rectificarlas. Como líderes, es nuestra responsabilidad no darle poder al conflicto para que distraiga y descarrile nuestros equipos, o a nosotros mismos.

La próxima vez que un comportamiento o situación requiera una conversación difícil, he aquí algunas pautas que pueden ayudarles a asegurarse que la conversación sea un éxito:

Cálmate

Puede haberlo escuchado antes, pero es lo suficientemente importante para justificar repetirlo: no confrontes a alguien cuando estas exaltado. Si estás enojado, herido u ofendido, no estás en la mejor actitud para tener una conversación madura y constructiva, y esto puede hacer que la situación se vuelva más difícil. Toma algún tiempo para calmarte, pensar y escribir algunas notas acerca de cómo te sientes. Algunas veces, cuando estamos enojados o heridos, podemos borrar las líneas entre los conflictos personales y profesionales. Por ejemplo, después de examinar un poco más la situación, podemos descubrir que la razón por la cual nos herimos por un comentario que alguien dijo, es porque nos recuerda algo que ocurrió en nuestra niñez. Después de darnos cuenta, podemos decidir que la manera en que nos sentimos no tenía nada del todo que ver con la persona que dijo el comentario, y que una confrontación no es ni siquiera necesaria. Si no tomamos el tiempo para procesar esa información, arriesgamos exacerbar el conflicto. Cuando fallamos dominar nuestras emociones, frecuentemente decimos cosas que no sentimos y que no podemos retractar.

Prepárate

Puede parecer extraño preparase para una conversación. Somos propensos a pensar que la conversación será, especialmente con gente que conocemos, más genuina si las "hablamos de corazón". Sin embargo, muchos de nosotros nos ponemos un poco nerviosos cuando tratamos temas delicados. Entonces, para evitar omitir detalles importantes, o añadir algunos irrelevantes, tomo un cuaderno conmigo cuando voy a confrontar un miembro del equipo o colega. En mi cuaderno, escribo los elementos principales que quiero cubrir en la conversación, asi como también, el resultado deseado de la reunión. Antes de reunirnos, me pregunto: *¿Qué pienso que sea el problema? ¿Es esta la persona correcta para tratar el asunto? ¿Qué estoy pidiendo? ¿Qué estoy dispuesta a ceder para poder encontrar una solución al problema?* Estas preguntas ayudan a dar una finalidad a la conversación que voy a tener. Algunas veces, nos arrojamos dentro de una conversación aun sin saber que querríamos que hiciera la otra persona. Si no lo sabemos, ¿cómo podremos comunicárselo a la persona que está sentada enfrente de nosotros? Una vez que he determinado el objetivo de la conversación en cuestión, hago una lista simple de elementos que quiero abordar. Y sigo esta lista a través de la conversación.

Sé específico

Una cosa que puede hacer una conversación difícil un poco más fácil, es dar ejemplos específicos de lo que estás hablando. Esto hace un poco más fácil para la persona comprender porque te sientes de la manera que te sientes y más difícil que rechacen tus observaciones. Por ejemplo, puede parecer injusto al oyente escuchar que no han estado haciendo su trabajo sin pruebas ni clarificación de lo que eso significa. Es más eficaz omitir cualquier declaración extensa y enfocarse en cuestiones específicas. En vez de decir que su rendimiento es no-suficiente, explica cómo. Quizás no han cumplido con fechas límites-en tres proyectos específicos-menciónelos. No tenga miedo de enumerarlos, y sea minucioso en sus observaciones. Eso resultara fácil si se prepara de antemano, y si se ha tomado el tiempo para calmarse. Usualmente es cuando estamos enojados que lanzamos acusaciones fuera de órbita y palabras como "nunca", "siempre".

Enfócate en la raíz

Aunque quieras ser claro y específico en tus conversaciones, recuerda enfocarte en la raíz del problema. Algunas veces, estos detalles son efectos secundarios de un problema mayor. Por ejemplo, un miembro de su equipo ha estado haciendo comentarios malintencionados acerca de ti. En tu conversación con él o ella, recuerda no solo afrontar los comentarios, sino también lo que esto puede representar: una falta de respeto hacia tu liderazgo. Puede ser tentador pasar por alto una conversación y no investigar más a fondo las bases del conflicto. No obstante, si la raíz del conflicto no es confrontada, es probable que los mismos conflictos continúen presentándose en el futuro.

Sé humilde

Puede ser muy difícil para la gente con la cual nos estamos comunicando, comprendernos si no estamos siendo transparentes. Los líderes tienen tendencia a cometer el error de querer iniciar la confrontación, pero huimos (salimos corriendo) en el momento en que nuestras propias inseguridades traten salir a flote. Algunas veces hacemos esto porque queremos mantener un aire de superioridad, o porque somos demasiado orgullosos para admitir que somos parcialmente culpables del conflicto. En un intento por protegernos, excluimos información o consideramos ciertos temas prohibidos. Nuestro lenguaje corporal puede transmitir el mensaje de que no solo estamos dispuesto a acusar a la otra persona, pero no a escucharlos.

Sin embargo, hacer esto hace mucho más difícil resolver el conflicto y a veces hasta imposible. Lo que si es justo es que si estamos dispuestos a confrontar una persona, debemos estar abiertos también a ser confrontados. Ahora, eso no quiere decir que le permitamos a cualquiera que nos falte el respeto. Esto simplemente significa que en cada confrontación también debemos permitirle a la otra persona hablar, y nosotros necesitamos ser capaces de escuchar. Tenemos que estar abiertos a llegar a un acuerdo y a tomar responsabilidad por nuestra contribución al problema. Si el líder no da el ejemplo en humildad y transparencia, es poco probable que el conflicto sea resuelto, o que la situación cambie.

Encuentra una solución

Finalmente, no permitas que la conversación termine sin un plan para el futuro. Una vez las dos partes han tenido la oportunidad de ser escuchados, propón un acuerdo. Así como has sido específico con el problema, se específico con la solución. Por ejemplo, en vez de decir que hay un miembro del equipo lo hará mejor, dale sugerencias específicas de las cosas que puede hacer para mejorar. Quizás puedan tomar un entrenamiento, un cambio de horario o hacer otros cambios que le ofrezca una mejor oportunidad para triunfar. También, permítale hacer sugerencias, y si puedes, permítale hacer pedidos de cosas que necesita de ti o de tu organización. Haga un acuerdo específico de cuales medidas serán tomadas. Una vez se hayan puesto de acuerdo con una solución, establezca un marco de tiempo para el seguimiento asegurándose de que ambas partes están cumpliendo con el trato.

RECONOCER TUS
PUNTOS FUERTES

He escuchado decir que el liderazgo es parte arte y parte ciencia. Como otras ciencias, hay otros factores que abarcan grandes cantidades de lógica, estrategia, medida y precisión. Este es el lado del liderazgo que requiere saber dónde poner una persona dentro de un equipo, cómo desarrollar un plan de ataque o cómo hacer un presupuesto. Como otras artes, hay componentes del liderazgo que requieren una mente abierta. La creatividad no puede ser aprendida teoréticamente pero si puede ser desarrollada con el tiempo. Estas son cosas como, aprender a inspirar, motivar, cómo hacer que la gente crea en tu visión y quiera comprometerse con ella. Bien si un buen liderazgo tiene partes de ambas, es mi experiencia que la mayoría de líderes tiene desarrollado una parte más de uno que de otro: el artista o el científico.

Personalmente, siempre me he sentido atraída por el aspecto-liderar gente-como un artista. No es algo que te sientas a esbozar o planear, es algo que toma más intuición que poder mental. Me gusta estimular a la gente, conocerlas y motivarlas a que se desenvuelvan mejor. Las ciencias nunca me fueron fáciles, a pesar de que aprendí algunas cosas con el tiempo y la práctica, ellas me siguen siendo difíciles de navegar. En el principio, como líder joven, pensaba constantemente en mis áreas débiles y en las cosas que no podía hacer hábilmente como los demás. Me di cuenta que aun cuando yo era excelente en el área de enseñanza y hablar en público, yo simplemente no era tan buena- como algunos de mis compañeros, en el área de las finanzas, manejar los números y/o detalles. Aunque por naturaleza tengo tendencia a ver las cosas en gran escala, pasé mucho tiempo en tatar de convertirme en una persona que podría recordar aspectos técnicos y específicos con precisión exacta.

A mis ojos, el pasto era más verde del otro lado y los "científicos" parecían más inteligentes y eficientes y mejores que yo como líder. No fue hasta algunos años atrás que comencé a pensar en cuales eran mis puntos fuertes. Seguro que era un poco olvidadiza, escandalosa, alborotadora, hablaba en voz alta y era chistosa. También era muy franca, abierta, decidida, y me gustaba hablar en público. De esta forma comencé a comprender que aun si había un millón de cosas que no podía hacer y que otros si, de esta misma manera habían cosas que yo si podía hacer que ellos sentían miedo intentar.

Muchos líderes jóvenes se enfocan demasiado en sus áreas débiles y se olvidan de construir sobre sus fortalezas. Nos imaginamos como debería ser la imagen de un líder: estricto o firme como nuestros padres, o alegre y amoroso como uno de nuestros profesores favoritos, entonces nos matamos para encajar en ese molde. Alguien en algún momento me dijo, la mejor manera de alcanzar grandeza (de ser grandes) es ir en contra de todo lo nosotros somos naturalmente y convertirnos en el perfecto prototipo de ejecutivo. Pero la vida real nos enseña que esto no es correcto. Si miras a tu alrededor, hay líderes que se ven diferentes, que actúan diferente y que difieren en su estilo.

Si te gustan las ciencias de comportamiento, o estudiar los diferentes tipos de personalidades, te darás cuenta de que existen líderes poderosos y exitosos en cada estilo. Algunos calculadores y refinados, otros casi barbaros y salvajes. Ellos aprendieron a sacar partido de sus habilidades. Nadie puede ser bueno en todo y tratar de hacerlo solo evitara que te distingas en las cosas donde si tienes el potencial natural para llegar a ser excelente.

En mi caso, me di cuenta de que puedo ser una oradora excepcional y que me gusta trabajar todos los días con palabras, mi imaginación y planificar proyectos para mi equipo, si me lo permiten. Estas cosas no son difíciles para mí. De hecho, cuando estás haciendo algo que eres dotado para tal, generalmente te resulta divertido.

Yo no elegiría hacer o usar mi tiempo en cosas como: aprender matemáticas, investigaciones y otras cosas que me golpearían de plano en la cara, pero en las cuales, tendría que investir demasiado de mi tiempo y sé que me dejarían frustrada. Pero en este caso, un "científico" natural me dejaría anonadada. Entonces te daré un consejo que alguien me dio alguna vez y que me resultó muy beneficioso: construye sobre tus puntos fuertes y contrata personal para los que son tus puntos débiles. No pases mucho tiempo tratando de dominar destrezas que te toman demasiado tiempo adquirir. En vez, explota al máximo tus puntos fuertes. Cultiva las cosas en que si eres bueno, e invierte en las que te darán un buen retorno en tiempo y dinero.

En cuanto a tus áreas débiles, claro que debes tratar de mejorarlas y cuando estas se conviertan en piedra de tropiezo para tu éxito, delégalas. Encuentra personas con las que puedas aliarte y que son buenas en las cosas que tú no eres. Dentro de mi equipo tengo muy pocas personas, pero dentro de él, tengo genios matemáticos, gurús de detalles y ninjas de presupuestos. Rara vez me preocupo de estas cosas, a pesar de que las superviso, yo simplemente no lo hago tan bien, ni tan eficientemente como ellos. La mejor parte de todo es que ¡a ellos les gusta! Y están agradecidos de hacer estas cosas todos los días, así como lo estoy yo de no tener que hacerlas.

El otro día en mi oficina, sostuvimos una conversación al respecto. Alguien preguntó "¿en cuál trabajo, aparte del que desempeñas, serias bueno y en cuál serias un fracaso?". Nos reímos porque, aunque todos aclaramos que no nos gusta el trabajo de los demás, simplemente nos resultaría muy difícil hacerlo. Así nos dimos cuenta de que si somos muy buenos, en nuestras áreas, y en las que se nos asignan.

Como ya les dije anteriormente, el liderazgo es parte ciencia y parte arte. Mientras algunos de nosotros somos buenos en ciertos aspectos del mismo, ningún líder puede ser bueno en todo por sí mismo. Construir un equipo, organización o ministerio exitoso consiste en un grupo de intelectuales y extrovertidos, artistas y hombres de negocios porque al final es un esfuerzo en conjunto.

Como líder, tendrás oportunidades de aprender y desarrollar diferentes habilidades que nunca antes habías tenido pero después de haber leído esto, espero que no te sientas presionado a (convertirte en algo) que no eres. Cualquier tipo que seas o de talentos que tengas-tú y ellos son invaluables. Hay cosas que tú puedes hacer que nadie a tu entorno puede-entonces ¡hazlas! ¡Saca algo de tu tiempo para esas cosas al permitir que tus amigos, tu equipo y tu personal se ocupen del resto!

DANDO UNA BUENA IMPRESIÓN

Estudios han demostrado que las personas toman decisiones importantes acerca de ti, en los primeros siete segundos de conocerte. Que estés abordando un compañero de trabajo, un empleado o tu jefe, debes saber que, en el instante en que se encuentren, sus cerebros comienzan inmediatamente, a forjarse miles de suposiciones, basadas solamente en tu apariencia. Puede parecer injusto, pero ellos, silenciosamente, empezarán a determinar quién eres, basándose en tu apariencia. Lo que ellos decidan en ese momento será muy difícil de cambiar. Ahora, yo sé que tú eres más que tu apariencia, todos lo somos. Y de ninguna manera quiero menospreciar a alguien porque se ve, o se viste, de alguna manera. Pero los hechos son hechos. Y la dura realidad es que nosotros hablamos, a partir de la manera en que nos vestimos, entonces ¿qué estás comunicando?

La próxima vez que te prepares para ir al trabajo (o a cualquier lugar donde busques tener influencia), mírate en el espejo y pregúntate: si te estuvieras conociendo por primera vez, ¿cuál sería tu impresión? No estoy hablando acerca de que si eres o no atractiva-porque eso significa casi nada en el liderazgo- en vez, pregúntate si ¿la persona que está delante del espejo da la impresión de ser capaz, inteligente y de estar bien vestida? O, ¿Se ve ella descuidada, desorganizada y perdida? Tu presentación visual puede ser algo que trabaje a tu favor o algo que tendrás que luchar en contra de mientras estés en liderazgo. Esto es importante, especialmente para aquellas que están en los 20 o tempranos 30 tratando de liderar (dirigiendo a miembros mayores y más maduros del equipo). Frecuentemente escucho a las líderes jóvenes quejarse de que los miembros mayores de la organización no las toman en serio, pero cuando veo como ellas se presentan a sí mismas, tengo una idea del por qué. La gente asume que vas a liderarles de la misma manera en que te riges a ti misma. Si te ves descuidada, dejada, perezosa y no preparada, estas comunicando a los demás que serás descuidada con su tiempo, desorganizada con tu planificación y olvidadiza con lo que les prometes. Sin embargo, si bien desde una temprana edad muestras a tu equipo que eres segura de ti misma, organizada y rigorosa, asumirán que puedes realizar bien el trabajo.

¿Por qué es esto tan importante? Si la gente tiene una mala impresión de ti, estas gastando tiempo y energía innecesariamente tratando de cambiar su manera de pensar para que te respeten. ¡Es más eficiente tener una buena presentación y dar una buena impresión de sí mismo desde el principio! Como gerente, frecuentemente tengo que entrevistar jovencitas y considerarlas para un trabajo. Aunque no me considero una persona estricta o anticuada, admito que veo su presentación como un indicador de como trabajan. Si encuentras que necesitas un poco de ayuda, he aquí algunas cosas que tu apariencia puede estar diciendo de ti sin darte cuenta:

Mostrando demasiada piel

Lo que dice acerca de ti: mostrar mucha piel puede erróneamente comunicar una falta de etiqueta. Puedes aparentar ser superficial o que prefieres que la gente se enfoque en tu sensualidad en vez de tus habilidades, lo cual puede causar que la gente se pregunte si tienes o no los conocimientos necesarios para hacer el trabajo. También puede causar que tus colegas masculinos te vean como un objeto.

Alternativa: ¡Cúbrete! No importa cuál sea la temperatura afuera, nunca es apropiado usar pantalones cortos, mostrar el pecho o mostrar demasiado las piernas en un lugar donde quieres que el enfoque sea en tu mente y no tu cuerpo. La regla para el "atuendo casual" es que los vestidos y faldas se lleven a una pulgada encima de la rodilla y que evites enseñar cualquier tipo de escote o abdomen.

Estar demasiado a la moda

Lo que dice acerca de ti: le dice a los miembros más mayores de tu equipo que tienes mucho que madurar todavía y que no has desarrollado todavía la capacidad de ver lo que es apropiado, lo cual te puede hacer ver como tonta y frívola, especialmente como líder joven. Pueden pensar que eres linda pero no te tomaran en serio.

Alternativa: definitivamente apoyo que te pongas lo que está a la moda, ¡no voy a sugerir que las veinticinco añeras comiencen a vestirse como si salieron del Mayflower! (como una peregrina, como una monja o santurrona) pero si te recomendaría bajarle el tono a las piezas juveniles al mezclarlas con piezas más clásicas y dejar los estilos más a la moda para después del trabajo o en cualquier lugar donde estés liderando. Por ejemplo, la oficina no es el lugar adecuado para llevar botas de combate o una sombra de ojos azul brillante. ¡Tú quieres comunicar que eres lo suficiente madura sin querer llamar la atención con tu vestuario!

El look de "yo me levante así"

Lo que dice acerca de ti: cuando llevas un atuendo demasiado casual o llevas el estilo de "acabo se salir de la cama", esto dice a los demás que eres descuidada y que sigues la corriente. Aparenta como si carecieras de propósito, visión y la habilidad del manejo-de-tiempo básico porque probablemente te levantaste tarde. La gente piensa "ésta persona dejara pasar cualquier cosa".

Alternativa: siempre ten el objetivo de verte bien vestida y elegante. El look bohemio se ve bien en el fin de semana, ¡se ve muy bien en el fin de semana no cuando estas liderando! Mantén tu pelo y tus unas limpias y bien cuidadas. Si puedes ponte algo de maquillaje porque eso significa ir una milla extra. Esas cosas comunican excelencia y atención a los detalles.

Ropa que no nos queda bien y arrugada

Lo que dice acerca de ti: Ropa que no nos queda bien y arrugada comunica falta de conciencia. En vez de verte sexy, les dices a los demás que no estas consciente de cómo te quedan las cosas o que subiste de peso y no te has dado cuenta.

De la misma manera que la ropa muy suelta se puede ver descuidada.

Alternativa: Presta atención a la medida de tu ropa, aun si esto significa reemplazarlas periódicamente. La ropa que está a la medida no sólo comunica profesionalidad, pero también te harán sentir más segura de ti misma porque no habrá nada que estará saliéndose o cayéndose de su lugar.

Claro, cada lugar tendrá estándares diferentes de lo que es aceptable o no. Por ejemplo, muchas compañías que están comenzando o que son pequeñas tienden a tener una atmosfera más casual. Aunque estos comentarios están dirigidos hacia un lugar de trabajo como la oficina, también espero que los tomes en cuenta por dondequiera que tengas liderazgo o busques influenciar a otros para que puedas dar una mejor impresión.

LECCIÓN 13

SER MÁS QUE UN JEFE

E stoy segura que todos nos podemos identificar teniendo un jefe malo- alguien que nos hace odiar ir a trabajar todos los días. Alguien que nos hace querer dañar las cosas adrede o que nos hace soñar despiertos con darle un puñetazo en la cara. Oye, ¡estoy siendo honesta! Puede ser extremadamente frustrante trabajar para alguien que no entendemos o que no hace un esfuerzo por entendernos. Entonces, ¿Qué es peor? Los jefes malos están en más alta concurrencia que los buenos. De acuerdo con unos estudios recientes, tres de cada cuatro empleados en los Estados Unidos reportan que sus jefes son la parte más estresante de su trabajo y que el 65% de los empleados dijo que ellos tomarían primero un nuevo jefe antes que un aumento salarial. Si, actualmente ellos reusarían tomar dinero solo para alejarse de una persona que está supuesto a ayudarlos a crecer. Para ser completamente honesta, un "jefe" (bueno o malo) es un simplemente un líder que no está haciendo su trabajo.

Si te estas preguntando qué significa esto y si un jefe o un líder son la misma cosa, permíteme clarificártelo. Un jefe puede ser cualquiera en una posición de autoridad. Llámese un manager, supervisor, director, gran duque o emperador, ciertamente no importa. Cualquiera puede ser un jefe. Pero un jefe solo se puede convertir en un líder solo cuando es capaz de hacer eso: liderar

Liderar significa que tienes un grupo de personas que están dispuestas a seguir tu dirección, visión y metas. Liderar *bien* significa que ellos no se están arrancando los pelos mientras lo están haciendo. La verdad es que el mundo no necesita jefes, el mundo necesita líderes que pueden hacer que las cosas sean hechas sin drenar la energía de su recurso más valioso: las personas. Mientras reflexione en este principio, me he tomado el tiempo de observar cómo la gente a mi alrededor lidera sus equipos. Obviamente, algunos son líderes, otros, como muchos, definitivamente jefes. Existen algunas señales que te pueden ayudar a establecer la diferencia:

El jefe habla, el líder escucha.

Los jefes siempre están hablando. De hecho, los jefes emplean tanto tiempo hablando que no tienen idea de lo que la gente a su alrededor necesita, como ellos piensan o que tienen que ofrecer. Los jefes dan órdenes y dicen cómo se deben hacer las cosas. Los líderes ofrecen la oportunidad a los miembros del equipo de participar en todo el proceso. Ellos comprenden que la gente es más entusiasta acerca de las ideas que ellos han ayudado a crear y así apoyaran mas a quien sabe trabajar en equipo. Los líderes también escuchan las cosas que molestan a su equipo. Aun si el escucharles le resulte incómodo. Ellos lo ven como una oportunidad para ser mejor. Las estadísticas dicen que el 50% de los empleados que no se sienten valorados probablemente encuentren otro trabajo en un año. Imagínese lo que podría bajar ese número si los lideres permitirían a los empleados ser honestos acerca de cuándo se les ofende, lo que les incomoda y lo que los hace menos productivo.

El jefe da instrucciones, el líder da una visión

Los jefes te dicen que debes hacer, los líderes te inspiran al decirte porque deberías hacerlo. Como resultado, el equipo que está bajo un jefe se mantiene desmotivado y sin implicarse. Los mejore equipos son aquellos donde todos creen trabajar hacia algo que ellos creen. Es por eso que los líderes explican la visión. Hablan a su equipo sobre el resultado final y las metas y les enseñan como sllos piensas que estas podrían ser cumplidas.

Cuando un equipo está al tanto de la visión completa, es más fácil obtener el 100% de ellos y lograr que la visión se haga realidad. De otra manera, todo lo que ellos verían sería como si se les estuviera ladrando órdenes para beneficio propio.

El jefe está afuera, el líder está adentro

Un jefe esta fuera del equipo, él o ella no tiene que vivir bajo los estándares o reglas que rigen a los demás. Pero el líder es parte del equipo. Los líderes no solo hablan el mismo lenguaje, ellos viven de la misma manera que los demás. Ellos quitan las reglas innecesarias y los sistemas rígidos, remplazándolos por estándares y parámetros que tienen propósito- esto también forma parte de dar una visión. Mientras que los jefes son vistos como hipócritas y rígidos, los líderes viven lo que predican.

El jefe juzga, el líder mide

Los jefes tienden a juzgar si la gente está trabajando duramente o no. Es una forma ridícula y subjetiva de ver a los miembros de un equipo. Los líderes miden los resultados y logros. Los jefes micro-manejan y se alarman si los empleados van al baño o si lo hacen de manera seguida. Ellos miran las apariencias y probablemente están ignorando lo que esta ahí. La única forma de decir si un empleado esa siendo productivo o no es evaluando objetivamente: ¿cuáles fueron las metas establecidas por una cantidad X de tiempo? ¿Fueron logradas? ¿Por qué? O ¿Por qué no? Los líderes comprenden el concepto que "trabajar duro" es relativo. Algunos empleados pueden hacer el doble de trabajo con un esfuerzo mínimo, otros pueden dar lo mejor de sí mismos y producen un poco menos. Al final, el trabajo del líder es asegurarse de que todos estén alcanzando su mayor potencial individual y no estar acosándolos de como pasar cada minuto de su día.

El jefe es temido, el líder es respetado

A causa de que el jefe tiende a no escuchar, juzgar, dar órdenes y a estar fuera del equipo en vez de ser parte de él, ellos son temidos. El problema con el miedo es que es un motivador terrible. Aunque parece funcionar por un tiempo, eventualmente esto vuelve a los miembros más productivos del equipo en indecisos y evasivos. Nadie quiere trabajar para alguien que temen, pero todos quieren estar detrás de alguien que respetan. Hacer cosas como escuchar a tu gente, darles oportunidades para que usen sus talentos y proyectar la visión para el equipo hace más fácil que ellos te respeten y que den lo mejor de sí mismos todos los días. Indudablemente, ser jefe es como tener mal aliento: ¡todos lo saben menos tú! Aun así, te exhorto a que te examines en el transcurso de la semana en las diferentes posiciones de autoridad que tienes, en la casa como padre o esposo/a. ¿Estás usando esa posición para dirigir gente para que logren a ser mejor y producir un crecimiento? O, ¿Estás siendo visto solamente como un jefe?

EVITANDO UN DESGASTE FÍSICO

E l estrés es uno de los enemigos más peligrosos en todos los ámbitos de nuestras vidas, y dentro del liderazgo esto no es una excepción. Aun así, es muy común en los líderes jóvenes poner su propio cuidado y salud mental, al final de su larga lista de quehaceres. Aún con toda la fuerza y energía de nuestra juventud, a veces podemos desatender nuestro cuidado personal. Podemos olvidar descansar y sobrecargarnos con las responsabilidades que hacen parte de nuestro liderazgo. Sin embargo, es importante recordar que, el liderazgo debe alimentarte y no consumirte. Desafortunadamente, hay muchos que piensan que están siendo eficientes y terminan con un desgaste físico y dándose por vencidos en poco tiempo, porque fallaron al cuidar de sí mismos. Vamos a ser realistas: dolores de cabeza causados por estrés, cambios de humor, o úlceras, no te ayudarán a alcanzar tus metas. Y mientras parezca que días largos de trabajo, con pocas o ninguna pausas, te están haciendo ser más productivos, si te están causando estrés y ansiedad, debilitarán a la larga, tu efectividad.

Entonces, vamos a dejar de lado la idea de la vieja escuela de que, sólo estás produciendo lo que debes, cuando pasas noches sin dormir y trabajas 24 horas al día. La verdad es que, si eres verdaderamente eficiente, lograras hacer más, en menos tiempo con la organización y planificación debida. Hay muchas maneras de sacar tiempo para cuidarte, disfrutar tu familia y ser una persona equilibrada.

He sido líder por un buen tiempo. Dirijo a un equipo de más de 40 personas y un ministerio de miles. A pesar de haber pasado por épocas estresantes y situaciones difíciles (claro que siempre habrá, de vez en cuando, grandes proyectos y fechas límites), siempre he podido sacar tiempo para mí misma, disfrutar mi vida y ser feliz. ¡Lo tengo que hacer! Después de todo, si me permito estar sobrecargada de trabajo y estrés solo me debilitaré; y si me debilito, mi equipo y todo lo demás, por consecuencia, también se debilitará. Muchos líderes jóvenes olvidan que cuidarse a sí mismos, no es un acto egoísta. Con el tiempo, ésta es la llave de su éxito y permanencia como líderes.

El estrés es algo que podemos anticipar al estar cansados y al mantener claro que, aún si nuestro trabajo, nuestro equipo y nuestras misiones son importantes, hay más tiempo que suficiente para hacer todo lo que debemos hacer sin desgastarnos.

No todos se estresan por las mismas cosas. Para algunas personas, no cumplir con una fecha límite no representa nada más que un desvío en sus planes. Para otros, esto puede ser la causa de una gran ansiedad. Es importante conocerse a si mismo e identificar lo que te causa estrés para que puedas tomar medidas preventivas y evitarlo.

Por ejemplo, si sabes que no eres el mejor para cumplir con fecha límite, con un plazo de tiempo corto, aprende a hacer una línea de tiempo que te proporcione el tiempo necesario para ir a un mejor ritmo. Si descubres que necesitas dormir para ser más eficiente todos los días, programa tu tiempo de tal manera que estés en tu cama-acostado, cuando lo necesites.

Además, de la misma manera en que los factores estresantes son únicos para ti, los des-estresantes, probablemente, también lo serán. Algunos años atrás descubrí que, una de las formas en que puedo evitar la fatiga mental es, tener una hora de "reposo", cuando llego a la casa todos los días. Eso significa una hora sin teléfonos, sin quehaceres y sin hablar- excepto, tener una conversación casual con mi esposo. Esta hora me ayuda a desconectarme y a apagar mi cerebro veloz, para que pueda comenzar a relajarme. Me he dado cuenta de que, si no tengo este tiempo para desconectarme, no duermo bien. Esa hora de descanso que describí, por ejemplo, para otra persona (una que prefiera acostarse temprano y madrugar) puede ser una completa tortura. Ellos preferirían irse a la cama seguido, o, des-estresarse yéndose a correr. Si se detuvieran toda una hora para hacer nada, actualmente estarían más estresados que si se hubiesen quedado en la oficina por un par de horas más.

Es por eso que es importante que tomes tiempo para aprender lo que te pueda ayudar a des-estresarte. Si no estás seguro, trata de tomar un test de personalidad en el internet acerca de cómo des-estresarte. Existen muchos sitios web que te pueden ayudar a precisar tus preferencias, basadas en algunos rasgos de tu personalidad. Una vez tengas algunas ideas, ponlas a prueba. Fíjate que puede funcionar para ti.

Puntos Finales

omo este libro ya casi llega a su final, quiero tomarme el tiempo de estresar la importancia de tomar tiempo, de vez en cuando, para apreciar cuanto has crecido. Para bien o para mal, una de las marcas del liderazgo es la tendencia a soñar. Los líderes ven, sueñan, quieren y anhelan más y más. Parece ser que mientras más nos acercamos a nuestros sueños, otro se parece alejarse más. Y usualmente comenzamos concebir 10 más antes de cumplir el primero. Eso es lo nos hace ser innovadores y lo que hace a los activistas ver cambio en el mundo.

Ellos no conquistan una frontera para quedarse ahí, ellos van tras un desafío mayor, a veces sin tomar un descanso entre ambos. Para ser claros, esto no es siempre algo malo. De hecho creo que nuestros sueños deben ser GRANDES- demasiado grandes para poderlos lograr por nosotros mismos. Cuando nos apasionamos por nuestros sueños, nos consumimos por ellos y estos nos proveen la fuerza necesaria para seguir adelante. El problema llega cuando olvidamos detenernos- por lo menos de vez en cuando-y estar agradecidos.

Aun cuando nuestros instintos nos digan continúa y busca el siguiente reto o, revuélcate en tu desilusión de no estar donde crees que deberías estar, podemos decir mucho al detenernos a apreciar lo que si hemos logrado. Incluso el potencial de lo que sí podría ser en el futuro.

Para mí, ser la realista con la cabeza en las nubes que puedo ser a veces, no siempre me resulta fácil. Detenerme para estar feliz o agradecida no es necesariamente lo primero que cruza mi mente cuando estoy en mi interminable búsqueda por la eficiencia y el cumplimente de mis sueños. Cuando lo considero, esta pequeña despilfarradora parada de agradecimiento diaria, puede ser exactamente lo que necesito para llegar a ser quien estoy tratando ser.

A pesar de que nosotros, los líderes luchamos constantemente para vernos seguros de nosotros mismos, es increíble cuanto nos subestimamos y medimos la distancia entre nosotros y nuestras metas. La peor parte de esto, es que, los líderes, rara vez tenemos a alguien que nos motive, nos exhorte y nos provean comentarios positivos. Normalmente somos nosotros quienes lo hacemos, pero casi nunca lo recibimos.

Si lo pensamos, estar agradecidos es nuestra propia plática personal. Tomarte algunos minutos cada día para pensar donde estabas (de donde saliste), cuanto has crecido, o mismo el hecho de haber salido con vida de ciertas situaciones nos puede dar ese empujoncito que necesitamos. Como líderes nos podemos dejar envolver por lo que no ha sucedido todavía. El pesar y la frustración son recurrentes entre los líderes con los que hablo. Pero quizás si aprendemos a ser/estar más agradecidos podemos evitar caer en un patrón de infelicidad lo cual no es efectivo, es contagioso y puede dañar nuestro progreso al igual que a nuestro equipo.

Mientras tomas pasos para aprender cada una de las lecciones que he resumido, asegúrate de que te estás dando una oportunidad Tú no eres perfecto y no tienes por qué serlo. ¡Eres joven, estas aprendiendo y llegaras a serlo algún día!

Reconocimientos

Quiero dar unas gracias especiales a todo el equipo que trabajó arduamente para armar este libro, cumplir fechas límite y no matarme por mi perfeccionismo y locuras. Gracias por haber dado todo para hacer este proyecto realidad y por complementarme en todas las áreas de mis debilidades.

Un agradecimiento muy especial a María y Verónica Jacobo por traducir este libro. Trabajaron arduamente para asegurar que todo saliera a la perfección. Gracias Sherlyn quien administro este proyecto de principio a fin y se comprometió con el como si fuera suyo. A Mari, la más antigua de mis amigas y editora y a mi hermana Jessie quien corrigió todas mis comas y las partes repetitivas. A Janessa, por entregarte por completa y salvar el día. Y sobre todo, a mi maravilloso esposo quien me cree capaz de lograr cualquier y toda cosa y me lo dice todos los días. Estoy tan agradecida de que tenerte en mi equipo.

Bibliografía

Covey, Steven. "Los Siete habitos de la gente altamente efectiva". New York: Simon and Schuster, 1989.

Fermin, Jeff. "8 Hechos inquietantes sobre los jefes." 25 January 2015. *Huffington Post*. 30 April 2016. <http://www.huffingtonpost.com/jeff-fermin/8-unsettling-facts-about-_b_6219958.html>.

Groeschel, Craig. "Pastor Ejecutivo: Vida. Iglesia." *Craig Groeschel Leadership Podcast- Creating a Value Driven Culture*. 3 March 2016. Podcast.

Maxwell, John C. *Las 21 Leyes irrefutables del Liderazgo*. 10th Anniversary Edition. Nashville: Thomas Nelson, 1998 and 2007.

Printed in the United States
By Bookmasters